AF155106

Heinrich Bergér

# Überseeische Handelsbestrebungen und koloniale Pläne unter Friedrich

## dem Großen

Mit Benutzung von Archivalien

Heinrich Bergér

**Überseeische Handelsbestrebungen und koloniale Pläne unter Friedrich dem Großen**
*Mit Benutzung von Archivalien*

ISBN/EAN: 9783743443440

Hergestellt in Europa, USA, Kanada, Australien, Japan

Cover: Foto ©Suzi / pixelio.de

Manufactured and distributed by brebook publishing software (www.brebook.com)

Heinrich Bergér

**Überseeische Handelsbestrebungen und koloniale Pläne unter Friedrich**

**dem Großen**

# Überseeische

# Handelsbestrebungen

und

## koloniale Pläne

unter

## Friedrich dem Grossen.

Mit Benutzung von Archivalien

von

## Dr. H. Berger.

Leipzig.

Buchhandlung Gustav Fock,

Gesellschaft m. beschr. Haftung.

1899.

# Vorwort.

Die Bedeutung Friedrichs des Grossen für Hebung der Landeskultur durch innere Kolonisationen legt die Frage nahe, inwieweit haben überseeische Handelsbestrebungen und koloniale Pläne den grossen Monarchen beschäftigt.

Das verdienstvolle Buch: „Asiatische Handlungscompagnien unter Friedrich dem Grossen" von V. Ring, das, wie der Titel sagt, einen Beitrag zur Geschichte des preussischen Seehandels und Aktienwesens bieten will, konnte nur die rechtliche Seite der Handelskompagnien in den Vordergrund treten lassen.

Vorstehende Schrift bezweckt, den persönlichen Anteil Friedrichs II. an überseeischen Handelsbestrebungen und seine Stellungnahme zu kolonialen Plänen ins rechte Licht zu setzen.

Das einschlägige Aktenmaterial wurde dem Verfasser durch die Güte der Direktion des Königlichen Geheimen Staatsarchivs zu Berlin zur Benutzung auf die hiesige Universitätsbibliothek gesandt. Für diese wohlwollende Unterstützung sei hiermit der geziemende Dank ausgesprochen.

Giessen, im Juli 1899.

Der Verfasser.

# I. Einleitung.

Am 25. Oktober 1721 unterzeichnete König Friedrich Wilhelm I. in Preussen gelegentlich der Abtretung seiner afrikanischen Besitzungen an die niederländisch-westindische Handelskompagnie eine Urkunde, die mit der Erklärung schliesst: „d'être entièrement satisfait par la Compagnie à l'égard de la cession que Nous leur avons fait, laquelle Nous confirmons par cette déclaration, sans qu'il y sera formé aucune prétention à l'avenir, telle qu'elle puisse être de nôtre part" [1])

Für den Preis von 6000 Dukaten, der später durch die Überlassung einer alten Aktie im Werte von 1200 Dukaten noch erhöht wurde, trat der König Gross-Friedrichsburg und die dabei gelegenen festen Plätze, sowie Arguin an die Käuferin ab.

In der Abtretungsurkunde verzichtet der König für sich und seine Nachfolger auf das Recht, jemals an der afrikanischen Küste Kolonien zu errichten oder dorthin Handel zu treiben, — ein Zugeständnis, das Friedrich Wilhelm durchaus nicht leicht wurde. Hatte er doch seinen Bevollmächtigten, den Gesandten Meinertzhagen in Haag, ersucht, sich zu bemühen, „ob nicht dieses

[1]) R. Schück, Brandenburg-Preussens Kolonialpolitik unter dem Grossen Kurfürsten und seinen Nachfolgern (1647—1721). 2 B. Leipzig 1889.

annoch zu stipuliren sei, dass Uns oder Unseren Nach-
kommen freistehen solle, jedesmal oder nach Ablauf
gewisser Jahre gegen Wiedererstattung der 6000 Dukaten,
die Forten in dem Zustande, worin selbige sich jetzo
befinden, wieder an Uns zu lösen." [2]

Der unglückliche, wenig Gewinn bringende Erfolg
der Kolonialangelegenheiten, die nutzlose Aufwendung
von Geldern, hatte Friedrich Wilhelm I. die Lust an
diesen auswärtigen Unternehmungen gründlich genommen.
Die zur „Retablirung der afrikanischen Kompagnie"
von dem Gesandten Meinertzhagen gemachten Vorschläge
blieben unausgeführt, „weil Wir dieses Afrikanische
Commercien-Wesen jedesmal und von aller Zeit her als
eine Chimère angesehen." „Es ist auch Unser be-
ständiger Wunsch, dass wir nicht nur keinen Thaler
weiter auf dieses Werk verwenden, sondern auch Unsere
eigene Unterschrift darzu (sc. für fernere Expeditionen)
nicht mehr hergeben wollen." [3]

Auch spätere Versuche, die von Privaten gemacht
wurden, den König für überseeische Unternehmungen
zu gewinnen, sei es zur Ausstellung von Pässen oder
zur Gewährung von Unterstützung anderer Art, fanden
nicht immer ein offenes Ohr, weil der König vermeiden
wollte, unsicherer und geringer Vorteile wegen mit
fremden Mächten zu „brouilliren" und sich in „unnötige
embaras zu stürzen."

Die geniale Schöpfung des Grossen Kurfürsten hatte
kläglich geendet. Freilich hatte Friedrich Wilhelm I.
in dem kolonialpolitischen Nachlass seines Vaters nichts
als einen „verstümmelten Torso" geerbt, dessen Herstellung mehr Opfer erforderte, als eine Neuschöpfung
selbst.

[2] Ebenda.
[3] Ebenda.

An ernstem Willen hatte es wohl Friedrich I.
durchaus nicht gefehlt; er übernahm das Werk seines
Vaters, „weil diese Sache eine wäre, wobei Unser Gloire
und Reputation interessirt, welche Wir in alle Wege,
es koste auch, was es wolle, zu manteniren und Gewalt
mit Gewalt abzulenken suchen werden". Aber trotzdem
bot schon 1704 die brandenburgisch-afrikanische Kompagnie ein Bild des Jammers. Die Gläubiger klagten,
die Beamten und Soldaten forderten ihren rückständigen
Lohn, die Witwen und Hinterbliebenen der im Dienste
der Kompagnie Verunglückten warteten auf die Erfüllung
ihrer gerechten Ansprüche.

Das kühne Werk, das der geniale Meister bis zum
letzten Augenblick seines Lebens mit seltner Liebe pflegte,
hätte noch eine Zeit lang seines Schöpfers bedurft, um
den Stürmen der Zeit Trotz bieten zu können.

Die maritime und koloniale Entwicklung Branden-
burgs zu fördern, beschäftigte den grossen Hohenzollernfürsten während seiner ganzen Regierungszeit. Schon
1646, als er anlässlich seiner Vermählung mit Luise
Henriette von Oranien in Holland weilte, entstand bei
ihm der Plan, seinem Lande den Zugang zum Welt-
handel zu eröffnen. Hier lernte er auch den Admiral
Aernoult Gissels van Lier kennen, den er für seine
Pläne brauchte.

Gissels verstand es, den Kurfürsten für folgende
Punkte zu interessieren: Es stünde jedem Potentaten
frei, nach den von einer andern Nation nicht besetzten
Punkten der orientalischen Länder Handel zu treiben.
Er zählte die Waren auf, die aus Persien, Vorder- und
Hinterindien, China und dem indischen Archipel bezogen
und mit grossem Vorteil in Europa verkauft werden
könnten. Zu diesem Zwecke empfahl er die Gründung
einer brandenburgisch-ostindischen Kompagnie mit einem

Betriebskapital von einer Million Thaler. Dieses Kapital sollte durch Aktien aufgebracht werden. Durch Verleihung von Privilegien möge der Kurfürst Theilnehmer, erfahrene Beamte und Seeleute nach Preussen ziehen. Die Kompagnie sollte privilegiert sein, nach Ost-Indien Handel zu treiben, Land dort zu erwerben, Verträge abzuschliessen und Festungen anzulegen. Die Ausübung der Gerichtsbarkeit und die Anstellung der Beamten wird der Kompagnie übertragen. Die Ernennung des ersten Präsidenten geschieht durch den Kurfürsten. Dem Präsidenten würden die Direktoren zur Seite stehen. Die gefährlichen Zeitumstände und Kriegswirren, die schlechten Verhältnisse der kurfürstlichen Finanzen und die Gleichgiltigkeit seiner Unterthanen hinderten den Kurfürsten an der Ausführung des Plans Auch das Projekt einer brandenburgisch-ostindischen Kompagnie im Bunde mit Österreich und Spanien liess er fallen.

Die Erfahrungen hatten dem Kurfürsten gezeigt, dass Kolonialunternehmungen nur durch die Schöpfung einer Kriegsflotte gesichert seien.

Er kaufte deshalb von dem Holländer Benjamin Raule, der ihm mit seinen 10 Fregatten beim Einfall der Schweden in der Mark Brandenburg 1675 treffliche Dienste geleistet, zu dem ihm gehörigen einen Schiffe noch weitere 9 mit zusammen 176 Kanonen. Eine eigene Flotte statt der Mietsflotte zu besitzen, musste der Kurfürst dringend wünschen, nachdem an der Goldküste eine brandenburgische Kolonie gegründet war.

So glücklich auch der Gedanke einer eignen Marine, so hatten doch die Unternehmungen derselben keinen dauernden Erfolg; nach des Kurfürsten Tode wurde sein Werk fallen gelassen.

Der 25. Oktober 1721 bezeichnet das Ende der von dem Grossen Kurfürsten begonnenen Kolonialpolitik.

Ein wertvolles Vermächtnis aber von bleibender Dauer hat der grosse Hohenzoller allen seinen Nachfolgern hinterlassen, sein kolonialpolitisches Glaubensbekenntnis:

„Seefahrt und Handlung sind die fürnehmsten Säulen eines Estats, wodurch die Unterthanen beides zu Wasser, als auch durch die Manufacturen zu Lande ihre Nahrung und Unterhalt erlangen."

Nach 1721 hat der Staat als solcher direkt nicht mehr koloniale Unternehmungen besorgt, bis es der Gegenwart vorbehalten war, die Kolonialpolitik des grossen Hohenzollernfürsten wieder aufzunehmen und in neue Bahnen zu leiten. Wird doch von Kaiser Wilhelm I. erzählt, er habe bei der Erwerbung der ersten Gebiete in Westafrika geäussert: „Jetzt erst kann ich wieder dem Standbild des Grossen Kurfürsten ins Auge sehen".[4] Wohl sind nach jener Zeit von Privaten zahlreiche Versuche gemacht worden, überseeische Stützpunkte für den preussischen und deutschen Handel zu gewinnen. Von einer Beteiligung des Staates an diesen Unternehmungen kann nur insoweit die Rede sein, als derselbe durch Erteilung von Patenten, Gewährung von Zollfreiheiten für Ein- und Ausfuhr oder auch durch Beteiligung als Aktionär die koloniale Sache förderte.

Das 18. Jahrhundert, das Zeitalter Friedrichs des Grossen, stand besonders unter dem Zeichen des Merkantilismus.[5] Die grössere Ausdehnung des Handels

---

[4] Erwähnt bei Schück.

[5] vergleiche Schmoller, Studien über die wirtschaftliche Politik Friedrichs des Grossen und Preussens überhaupt von 1680—1786. „Die Ideale des Merkantilismus bedeuteten die Abschüttelung der immer drückender werdenden Handelsabhängigkeit, die Erziehung zur volkswirtschaftlichen Autokratie."

erforderte grössere Geldmittel zum Betriebe; geldkräftige
Kapitalisten schlossen sich in Handelsgesellschaften zu-
sammen, die zur Erlangung gewisser Privilegien und
zum Schutze der immerhin gewagten Handelsfahrt die
Hilfe einzelner Staaten anriefen. Bei dem Preussenkönig
Friedrich II. fanden diese Bittsteller ein um so willigeres
Ohr, als sich seine Anschauungen über die Wichtigkeit
des überseeischen Handels mit denen der Zeit deckten.
Die wirtschaftliche Bedeutung des Handels schätzt er
hoch, wenn er in der Einleitung zu der Geschichte seiner
Zeit sagt, dass Frankreichs Königsmacht von 60000
Mann, die es unter Richelieu und Mazarin gezählt, unter
Ludwig XIV. nur infolge seiner günstigen Handelsbillanz
auf 220000 Mann gebracht worden sei. Andere Fürsten
müssten sich daran gewöhnen, mit fremden Subsidien
Truppen ins Feld zu führen. Nur Staaten, die aus
*eigenen* Mitteln Heere halten und ins Feld führen
könnten, zählten noch zu den wirklichen Mächten; nur
*Handel* und *Industrie* könnten diese Mittel schaffen.

Die Thronbesteigung Friedrichs II. bedeutete für
Preussen auch eine neue Epoche in der Geschichte seines
Handels. Nicht als ob der junge Monarch nun ganz
neue Wege auch in der Handelspolitik eingeschlagen
hätte; aber, wenn er im allgemeinen sich auch in den
volkswirtschaftlichen Bahnen seines Vaters bewegte, so
wusste er doch dem Handel und der Industrie neue
Impulse zu verleihen. Kaum zur Regierung gelangt,
forderte er nützliche und geschickte Leute des Auslandes
auf, sich in Preussen niederzulassen und stellte ihnen
dabei alle möglichen Vergünstigungen und Freiheiten in
Aussicht. Ein neues Departement wurde im General-
Direktorium errichtet und von S. v. Marschall geleitet,
das Departement für Manufaktur- und Kommerziensachen,
das seine Arbeiten mit umfassenden statistischen Er-

hebungen über den Stand der Schiffahrt, die Aus- und
Einfuhr, das Fabrikwesen in den einzelnen Provinzen
begann.

Auf eigenes Risiko hin hat der König überseeische
Handelsprojekte nicht ausgeführt; dazu reichten die
Geldmittel Preussens im Anfange seiner Regierung nicht
aus. Doch wer weiss, was geschehen sein würde, wenn
ihm nicht die Kriege um Schlesiens Besitz so vielseitig
in Anspruch genommen hätten. So musste sich der
König nur darauf beschränken, unternehmungslustige,
kapitalkräftige Ausländer, die seinen Schutz bei ihren
Handelsfahrten anriefen, zu unterstützen, indem er ihnen
seine Oktrois verlieh. Wie sehr aber hier auch wieder
der König persönlich an den kolonialen Angelegenheiten
Anteil nahm und dabei stets das Interesse seines
Staates wahrte, soll die nachstehende Untersuchung [6])
feststellen. Es wird daraus hervorgehen, wie der grosse
Monarch keine Gelegenheit vorübergehen liess, um aus den
handelspolitischen Unternehmungen Vorteile und Gewinn
für seinen Staat zu ziehen. Diese stete Fürsorge für
den Staat ist ein Beispiel ohnegleichen und reicht mit
ihrem wohlthuenden Einfluss bis in die Gegenwart hinein.

---

[6]) Dieselbe dürfte gerechtfertigt erscheinen, da Schmoller
über die Beachtung der Bedeutung des Königs auf wirtschaft-
lichem Gebiete äussert: „Die Wissenschaft ist ihm als Feldherrn
und Diplomaten, als Denker und Menschen wohl gerecht geworden; aber über den König in seiner Verwaltungsthätigkeit
will es scheinen, als tobe der Streit der Parteien noch heute
wie am Tage seines Todes."

## 2. Allgemeines über Reiseziel und Rechtsverhältnisse der Handelsgesellschaften.

a) Ziel.

Als Ziel der projektierten Handelsfahrten wird in den erbetenen Oktrois Ostindien und China angegeben. Diese Länder boten durch den Reichtum ihrer Natur- und Kunstprodukte mannigfache Gelegenheit zu lohnenden Handelsgeschäften.

Von der Wichtigkeit des ostindischen Handels heisst es in einer Darstellung[1]) aus jener Zeit:

„On ne peut disconvenir, qu'il n'y a point au monde de commerce plus riche que celui des Indes Orientales; et quand on n'en tirerait que le poivre, la noix muscade, la canelle, le clou de girofle, le macis, et quantité de plantes et de drogues ou odoriférantes ou médicinales, ou qu'on emploie à la teinture, qui sont toutes des productions propres à l'Orient, et qui ne se trouvent nulle part ailleurs; il est certain que cela seul suffirait pour exciter les Européens à risquer de doubler le Cap de Bonne-Espérance, pour aller chercher aux Indes toutes des riches épiceries et des drogues précieuses".

Die Waren, die die Europäer hauptsächlich aus Ostindien ausführten, bestanden aus: Kolonialwaren, Drogen, Seide und Seidenstoffen, Baumwolle und Baumwollenstoffen, ferner aus Metallen, Edelsteinen, Holz, Porzellan und aus eigenartigen Fabrikaten der betreffenden Länder. Als besonders gute Seide wurden erwähnt,

---

[1]) *Dictionnaire universel de commerce* par Jacques Savaray des Bruslons, inspecteur général des manufactures à Paris. A Genève 1750.

die chinesische, die sehr fein und weiss war, die von
Tonquin, von Tripara, etwas dicker und gröber und die
von Bengalen, besonders vorzüglich als Rohseide. Auch
schöne Tücher wurden in den genannten Gegenden schon
seit alter Zeit verfertigt.[2]

Baumwolle wurde hauptsächlich aus den Staaten des
Gross-Mogul, längs der Küste von Koromandel, aus dem
Königreich Bengalen und aus China ausgeführt. Die
Zeuge aus dieser feinen Baumwolle waren sehr stark,
entweder weiss oder gefärbt und gemalt. Die schönsten
weissen hiessen Mousselins, die gefärbten waren rot,
blau oder schwarz und hiessen Baffetas. Unter den
gemalten wurden solche genannt, die nach Muster gedruckt und solche, die mit dem Pinsel gemalt wurden;
erstere hiessen Chites. Die indischen Gewebe waren sehr
geschätzt wegen der Lebhaftigkeit, Dauer und Haltbarkeit
ihrer Farben, „car loin de perdre leur éclat quand on
les lave, elles n'en deviennent que plus belles".

Über die Wichtigkeit des Handels mit Baumwollen-
zeugen wird berichtet:

„En général, le commerce des toiles est plus considérable qui se fasse aux Indes Orientales, soit par les
nations de l'Europe, soit par les Indiens mêmes, ou les
autres peuples de l'Asie, et le produit total du nombre
de pièces de toiles qui s'y fabriquent, et qui se ven-
dent, paraîtrait incroyable, si seulement l'on voyait rassem-
bler les cargaisons de celle que les Français, les Anglais
et les Hollandais en rapporteront tous le ans par le
retour de leurs vaisseaux et de leurs flottes".

*Bengalen* lieferte Pfeffer, Reis, Salpeter, Färbeholz,
Lacke, gelbes und weisses Wachs, Indigo, Kampfer,

---

[2] Les Chinois se vantent d'avoir l'usage de la soie et des
étoffes qu'on en fait, plus de 2000 ans avant la naissance de
Jésus-Christ. (Savary.)

Aloë, Gummigut. Als besonders wertvoller Handelsartikel
aus Bengalen werden Taschentücher aus Baumwolle und
Seide erwähnt, und zwar einfarbig, gedruckt und bemalt,
dann weiter eine Menge gestreifter und gestickter
Musselin-Krawatten.

Von der Geschicklickeit der Chinesen, alle Roh-
produkte und Stoffe vorteilhaft zu verwenden, heisst es:

„Chine est célèbre par la génie de ses habitants,
qui plus qu'aucun peuple de monde, savent employer en
toutes sortes de manufactures et d'ouvrages, les riches
productions de toutes espèces, qui croissent et qui se
trouvent dans les quinze provinces de ce vaste empire".

Chinesische Tücher aus Wolle, Stoffe als Serge,
wollene Kleiderstoffe (camelots) wurden hoch bezahlt.

Aus der Provinz Nanquin wurden wertvolle Stoffe,
Brokat, mit Gold und Silber gewirkte Seidenstoffe ausgeführt.

In Kanton, der Hauptstadt Nanquins, wurden aus
Europa eingeführt: Silber, feine Tücher, wollene Stoffe,
feines Leinen aus Holland, Spiegel, mathematische Instru-
mente, Bleistifte, Papiere von allen Sorten, Galanterie-
waren, geistige Getränke, hauptsächlich Weine.

Die Vorteilhaftigkeit des Handels nach China wird
auch in der „Exposition d'une partie des opérations de
la Compagnie Prussienne par le chevalier de la Touche"
vom September 1750 berührt, wo es heisst: „Toutes
les nations qui s'y (à la Chine et dans les Indes) présentent pour commercer y sont bien reçues et les
puissances maritimes n'ont aucun droit aucun moyen pour
s'opposer à cette navigation, n'y la troubler et inquiéter."

Von den dort gehandelten Waren heisst es: „Les
marchandises qu'on achette à Canton, port de la Chine,
sont le thé de toute espèce, beaucoup de soie crue, les

damas, des gros de fours, des bours de soie, des armoisins, des pekins, des satins et d'autres étoffes recherchées, tant en uni que travaillées en or et en argent. On rapporte aussi de ce pays beaucoup de porcelaine, de cabinets vernis, des drogues et autres articles. Il y aura toujours un petit bénéfice à faire pour échanger de l'argent contre de l'or, des Chinois n'ayant point de mines d'argent chex eux."

## c. Die Oktrois.

Zur Betreibung besonderer Handelgeschäfte im Ausland wurden den betreffenden Handelsgesellschaften für eine bestimmte Anzahl von Jahren Freiheitsbriefe oder Privilegien vom Könige Friedrich II. ausgestellt. Dieselben verbreiten sich über folgende Punkte:

Die für den Seehandel eingelegten Kapitalisten werden im Falle eines Krieges vom Könige sicher gestellt und dürfen nicht beschlagnahmt werden. Die Offiziere und Mannschaften der Handelsschiffe geniessen Werbefreiheit. Die königlichen Freiheits- und Machtbriefe werden in der Regel auf 20 Jahre bewilligt. Während der Dauer des Oktrois dürfen weder die Teilhaber noch die Beamten Nebenhandel treiben. Die Gesellschaft verpflichtet sich, jährlich eine bestimmte Anzahl von Schiffen abzusenden. Diese segeln unter des Königs Pavillon. Der Handelskompagnie steht das Recht zu, Kolonien anzulegen und Forts zu errichten. Die erworbenen Besitzungen sind Eigentum der Gesellschaft; dem Könige steht die Souveränität über dieselben zu. Die Ein- und Ausfuhr geniesst gewisse Zollbefreiung.

Die Handelskompagnie ist eine Aktiengesellschaft mit bestimmten Korporationsrechten. Die Höhe des

Kapitals schwankt zwischen 500000 und 1000000 Thlr.
Die einzelne Aktie beträgt 500—1000 Thaler. 100 Dukaten, 1000 Gulden oder 250 livres de banc. Der bei.
der Zeichnung einzuschliessende Fonds schwankt zwischen
10—25 %.

Nur vereinzelt werden die Aktien voll einbezahlt.

Die oberste Leitung der Geschäfte übt die General-
versammlung aus. Ihr steht das Recht zu, die Direktoren
zu wählen, das Grundkapital zu erhöhen, die Rechnung
zu prüfen, Gelder auszuleihen, die Dividende festzusetzen.
Die Stimmabgabe richtet sich nach der Höhe der Aktien
und wird verschiedentlich gehabt. Sechs, acht, zuweilen
zehn Aktien verleihen eine Stimme. Die Klein-Aktionäre
schliessen sich zur Stimmabgabe zusammen.

Die Verwaltung und Leitung der Geschäfte übernehmen die Direktoren, die aus dem Kreise der Aktionäre
gewählt werden. Sie leisten den Eid der Treue, des
Gehorsams zur Erfüllung der Befehle der Generalversammlung. Ihnen stehen zur Seite die Hauptpartizi-
panten. Die Kontrolle übt der Aufsichtsrat. Zuweilen
werden auch königliche Kommissäre zur Revision erbeten
oder bewilligt.

Die Kompagnie übt die Gerichtsbarkeit über ihre
Beamten aus. Der Supercargo gilt als ausserordentlicher
königlicher Gesandte.

Die Dividende soll jährlich oder nach Verlauf der
Retourwaren verteilt werden. Meistens aber wird die
Dividende zurückgehalten und im Interesse weiterer Geschäfte verwendet. Für die Bewilligung der Freiheiten
beansprucht der König eine Rekognition; sie besteht in
3—5 % des Verkaufserlöses oder in einer vorher fest-
gesetzten Summe von 1000 Friedrichsdor bis 15000
Thaler für das Schiff.

# 3. Die ersten Handelsprojekte (1740—1750).

Die Projektanten waren meistens Ausländer, vornehmlich Holländer und Franzosen. Sie suchten die Vermittelung des Preussenkönigs einmal, weil die Handelsbestimmungen und politischen Verwickelungen ihres Heimatlandes ihnen den genossenschaftlichen Handel unmöglich machten, sodann weil sie von dem feurigen, weitschauenden Monarchen ein Erfüllen ihrer Wünsche erhoffen konnten, und wohl nicht zuletzt darum, weil der Name des Preussenkönigs und sein Schutz für die Welt etwas bedeuteten.

Bald nach des Königs Thronbesteigung erschien der französische Projektant Francheville in Berlin und erbot sich eine Handlungskompagnie zu etablieren, „wodurch alle hiesigen Waren nach auswärtigen Europeischen Provintzien geführet, hingegen was hier zu Lande von auswerts nöthig par retour wieder mitgebracht werden soll . . . . Auf solche Weise bliebe das Negotium bey Ew. Majestät Unterthanen anstatt dass anjetzo meistens alles durch die dritte Hand geführet wird. Die Kaufleute von Berlin, Frankfurth, Stettin, Königsberg und Breslau müssen zusammentretten, und einen Versuch thun.“ Der Departement-Minister von Happe, der dem König über den Vorschlag Bericht erstattete, war dem Plane nicht abgeneigt: doch wurden weitere Verhandlungen nach dieser Richtung nicht geführt.

Neue Anregung zu Handelsunternehmungen erweckte der Anfall von Ostfriesland mit Emden an Preussen im Jahre 1744. Die clevische Domänenkammer reichte unterm 17. August 1744 aus Antwerpen ein Schreiben[1])

[1]) Akten des Geh. Staats-Archivs R. 68. n. 16 J. 1., Vol. I. Ausw. Dep.

d. d. 10. August, unterzeichnet von dem Bankier Pedro Sloyer, ein.

In dem Berichte werden „Seine Königl. Maj. in Preussen gebethen eine Compagnie auf Indien zu octroyren, und dieselbe durch seine Königliche Macht und protection, gegen alle Potentaten und Fürsten in sein Printzthum Ost Friessland und der Stadt Emden zu schützen, dabey unterthänigst gebethen wird allergnädigst zu accordieren dass diese Compagnie 3 jahren von allen Lasten Befreyet bleiben möge, doch dass bey jedem arrivement von Schiffen ein don gratuiert an Sr. Majestät gegeben werden soll, doch dass nach Verlauf der ersten 3 jahren vor die Freyheit von denen einkommenden und ausgehenden rechten von denen Gütern und Schiffen der Compagnie eine jährlich zu fixierende Summe an Se. Königl. Majestät gegeben werden soll."

Um dieselbe Zeit und wiederholt am 27. November 1744 geht beim Könige ein Schreiben ein der Slicher frères et associés „Etablirende Borgers in Berlin und Emden", in welchem sie bitten, nachdem sie über 16 Jahre in Berlin gearbeitet haben, „eine orientalische Handlungscompagnie in Ihrer Königl. Maj. Landen aufzurichten auf erlaubten Oertern".[2]

Am 21. April 1744 berichtete[3] der preussische Gesandte in Haag O. v Podewils, es hätten sich mehrere Grosskaufleute aus Holland und Seeland an ihn gewandt und als Deputierten Jean Guillaume Claude van Laar gesandt, „pour faire une proposition qui m'a parue d'une grande importance pour les intérêts de Votre Majesté". Die Holländer wollten sich in dem preussischen Staate, hauptsächlich in Königsberg niederlassen, um unter Königlichem Schutze daselbst zu errichten:

[2]) Ebenda.
[3]) Rep. 7. 101 E. Kabinettsakten.

„des Compagnies des Indes Orientales, Occidentales
et d'Afrique".

Sie hätten 2 Millionen Gulden bereit, und überdies
stände ihnen ein Kredit von beinahe 20 Millionen Gulden
zur Verfügung. Durch Unterschriften hofften sie 6 Million
Gulden in den preussischen Landen zusammenzubringen.
Sie erbäten sich ein Oktroi auf 20—25 Jahre und die
Vergünstigung der Freiheit vom Ein- und Ausgangszolle
für die Schiffe der Kompagnie. Dagegen offerierten sie
dem König 5 % von allem Profit und versprächen
ausserdem „d'entretenir en temps de troubles quelques
vaisseaux de guerre pour son service." Es könnten
schon dieses Jahr 4 Schiffe zur Fahrt nach Indien
bereit sein. Sie wollten ausserdem in 8 Tagen einen
ausführlichen Plan vorlegen. Es handelte sich für sie
nur um die Protektion des Königs. Es ist sehr be-
zeichnend, welch' Ansehen schon damals der Preussenkönig genoss. Als v. Podewils dem Deputierten van
Laar entgegenhielt, der König habe keine „forces
navales", so dass dieser sie schwerlich im Notfalle
schützen könne, entgegnete der Holländer, *les forces
terrestres de sa Majesté suffissent pour faire respecter
aux Puissances du Nord une Compagnie qu' Elle aurait
prise sous sa protection."* Der König lässt diesen Bericht seines Gesandten in Haag den Staatsministern
A. v. Podewils und v. Borcke mit eigenhändig unter-
zeichnetem Schreiben zugehen, in dem er betont „J'ai
cru nécessaire de vous ordonner, d'avoir la dessus une
conférence secrète avec les ministres Présidents du
directoire, *pour examiner à fond, si cette entreprise est
bonne, solide et practicable."* Er erwartet eine „expli-
cation nette et précise de leur sentiment réuni". [4]

---

[4] Ebenda.

2*

An die 5 dirigierenden Minister des General-Direktoriums schreibt der König am 27. April 1744 bezüglich dieser Handelskompagnie: „Ihr habt also solches mit gehöriger secretess zu bewerkstelligen und die sothane scheinbare proposition in Ansehen Meines und des Landes zu examinieren, ob Sie gut, solide und nach Unsern Umständen practicable, auch meinem Interesse gemäs sey, auch wie solches allenfalls am füglichsten zu fassen, worüber Ich denn euer pflichtmässiges sentiment gewärtige." [5])

Das später von den holländischen Projektanten eingereichte: [6]) „Mémoire touchant l'établissement d'une Compagnie de commerce et de banque avec privilège et sous la protection Royale de sa Majesté Prussienne" berührte folgende Punkte:

Gegenwärtig sei der Handel und die Kompagnie in Holland in Verfall, so dass es in Amsterdam jetzt 5000 Bewohner weniger gäbe als zuvor. Die Ursachen des Verfalls sei die teuere Verwaltung, da die grosse Anzahl der Direktoren und Offiziere sowohl in Holland als in Indien sämtlichen Gewinn erhielten, die Jugend und Unerfahrenheit der Direktoren, die harte Behandlung der indischen Bewohner, denen die Holländer eine verhasste Gesellschaft wären. Auch die Handelskompagnie in Ostende sei durch den Widerstand Frankreichs. Englands und Hollands zerfallen. Die Zeit sei jetzt günstig, in Preussen eine Kompagnie zu errichten, „la République des Provinces - Unies et l'Angleterre se trouvent bien embarassées et obligées de ménager un monarque aussi redoutable que c'est la dite Majesté." Man solle einen Vertrag mit den Königen von Frankreich. Spanien,

---

5) Ebenda.
6) Ebenda.

Schweden und Dänemark schliessen, um sich in den
Handelsgeschäften gegenseitig zu unterstützen.

Die Projektanten nähmen sich die Freiheit, folgende
12 Punkte vorzuschlagen, welche Gegenstand der Be-
ratung einer Konferenz bilden sollten. Es wird ein
Oktroi auf 25 Jahre erbeten, 1) „de trafiquer dans les
Indes Orientales, Occidentales et sur les côtes de
l'Afrique, avec défense à tous les Sujets de Sa Majesté
négocier dans les dits pays ou entrer au service des
autres Compagnies."

Man wolle zunächst Waren nach China ausführen
und Komptoire errichten in Madagaskar „pour le
refraichissement des vaisseaux", ferner auf der Küste von
Bengalen, Surate und in Persien. In Amerika soll eine
Kolonie errichtet werden, „pour avoir du sucre et du
café". An den Küsten von Afrika soll der Negerhandel
betrieben werden, um Kräfte für die Plantagen in Amerika
zu gewinnen und zu verkaufen.

2) Seine Majestät möge die Gnade haben und alle
Rechte, welche sie etwa auf „noch nicht abgetretene
Plätze in Afrika haben könnte", der Kompagnie abtreten.
„On se souvient qu'il y a eu autrefois sous la protection
de la Maison de Brandebourg une Compagnie d'Afrique
à Embden."

3) Die Kompagnie möge die Freiheit haben,
Komptoire zu errichten und Festungen zu bauen in
Asien, Amerika und Afrika, und zwar überall da, wo
sie es für zweckmässig halten werde.

4) Man möge Zollfreiheit gestatten für ein- und
ausgehende Waren.

5) Es wird die Erlaubnis erbeten, eine Subskription
von 6 Million Gulden zu eröffnen, an der alle Nationen
sich beteiligen könnten. 2 Million Gulden habe bereits
der Unternehmer einzuschiessen.

6) Die Kompagnie wird eine Bank errrichten ähnlich wie die in England und Holland.

7) Es soll die Anlage von Fabriken für Manufakturen in Aussicht genommen werden, um den preussischen Handel besonders zu heben.

8) Se. Majestät erhält 5 % des Profits.

9) Es leiten das Unternehmen 1 Gouverneur, 6 Direktoren, 1 Sekretär.

10) Das Gross-Komptoir soll sich in Königsberg befinden.

11) Zwei Kommissäre und der Sekretär würden vom König ernannt, die 4 anderen Direktoren würden auf der Generalversammlung gewählt.

12) Man möge den Fremden, welche sich in den Dienst der Kompagnie begeben wollten, alle möglichen Freiheiten gestatten.

Der Unternehmer sei ein erfahrener Mann, der bereits vor 22 Jahren Direktor in der holländischen Handelscompagnie gewesen sei.

Das Königlich Preussische General- Ober- Finanz- Kriegs- und Domänen-Direktorium berichtet [7] unterm 1. Mai 1744 Sr. Majestät nach stattgefundener Konferenz über die Sache folgendermassen: „Es wären schon zu Lebzeiten Sr. Majestät Vorschläge gemacht worden, die aber der Schwierigkeiten und des Schadens dero kommercierenden Unterthanen wegen wieder fallen gelassen worden wären. Es seien bereits 2 Compagnien in Gothenburg und Kopenhagen etabliert, welche solche Handlung hätten. Die proposition sei auch nicht so instruieret, dass man etwas fernes daraus schliessen könnte. Beim Licent würden Ew. Königl. Maj. directement verliehren, die Kaufmannschaft aber, aus deren

---

[7] Rep. 7. 101 E. Kabinettsakten.

Mittel fast gantz Königsberg bestehet, möchte sich sehr
beschweren, wenn sie licent bezahlen solle, da andere
frey seyn sollen. Man solle auch erwägen, ob der Plan
auf dergleichen örthern gerichtet, wo andere puissancen
absonderlich ob England und Holland ein gegründetes
jus prohibendi hätten." Der König lehnte hierauf das
Anerbieten durch ein Schreiben vom 5. Mai an seine
Minister v. Podewils und v. Borcke mit folgender Be-
gründung ab: „Ich habe den Bericht erhalten und die
dagegen angeführten umstände und momenta reiflich
erwogen. Weil Ich nun selbst finde, dass dieser Plan,
so scheinbahr er auch gemacht wird, so wenig Meinem
Interesse als dem Nutzen der Stadt Königsberg und
des Landes gemäss ist, und viele andere inconvenientzen,
so wir nicht zu heben im Stande sind, nothwendig nach
sich ziehen müsste, So erachte ich für das rathsahmste
zu seyn, nicht weiter darinn zu gehen, sondern dem
Autori dieser proposition mit gutem Rath zu erkennen
zu geben, dass die situation Meines Königreiches und
andere wichtige Uhrsachen nicht verstatteten, ihr aner-
biethen anzunehmen, wie wohl Ich die ganze Sache
secretiren lassen würde."[8]

Der preussische Gesandte in Haag v. Ammon überreichte[9] mit einem Schreiben vom 20. Mai 1746 ein
Projekt eines in Amsterdam etablierten portugiesischen
Kaufmanns. Der Projektant offeriert im Vereine mit
einigen anderen Kaufleuten: „d'établir à Emden un
commerce qui dans la suite pourra devenir très considérable, il ne demanda d'abord que la permission de
pouvoir envoyer deux navires à tous les ports francs
des Indes et de la Chine sous le pavillon et passe-port

---

8) Ebenda.
9) R. 68 a. 16 J. 1. Vol. I. Ausw. Dep.

de Votre Majesté, en payant les droits de toute la charge
tant en sortant comme en revenant sur le même pied
que cela de pratique avec ces compagnies établies à
Gothenbourg et Coppenhague.

Projet: susdits négociants seront obligés de préparer et armer les dits navires non seulement avec le
capital nécessaire pour le commerce, mais aussi avec les
armes et munitions réquises pour leur défense contre tout
autre nation ou pirate qui voudraient les insulter."

Sie hoffen von der Unternehmung einen solchen
Erfolg „qu'ils pourront une compagnie florisante qui
sous la protection de sa Majesté pourra devenir si
puissante ou plus que la meilleure qui se trouve actuellement établir par des autres nations."

Im Oktober desselben Jahres überreichte [10]) der
Abbé Mecenati im Namen einer portugiesischen Kompagnie, [11]) welche an allen europäischen Plätzen accre-
ditiert wäre, ein Mémoire, in welchem die Protektion
des Königs erbeten wird. Die Kompagnie beabsichtigte,
auf Grund eines Handelsvertrags [12]) mit der spanischen
Krone nach Westindien zu fahren. Sie wollen sich in
Ostfriesland etablieren und dort einen dauernden ge-
ordneten Handel treiben. Die Unterthanen des Königs
sollen von der Teilnahme nicht ausgeschlossen sein. Als
vorteilhafte Punkte werden besonders hervorgehoben:

1. Die Ein- und Ausgangszölle würden für Se.
Majestät eine bedeutende Einnahmequelle bilden.

2. Durch die Einfuhr aller möglichen Arten von
Waren und Droguen würde der Verkaufspreis für diese
Artikel sich vermindern.

---

[10]) Ebenda.
[11]) „dont la principale c'etoit la Maison des Lopez."
[12]) Von 1732.

3. Der Geldwert würde steigen, Kunst und Handwerk würden blühen.

4. Es würden sich fremde Kaufleute und Manufakturisten immer mehr in Preussen niederlassen. Die Konsumtion würde sich dadurch steigern, und der Verbrauch an Eisen, Blei und Kupfer würde sich heben.

Sie erböten sich, einen förmlichen Handelsvertrag abzuschliessen unter Bedingungen, die für den König sehr vorteilhaft wären und „qui lui plaisent d'ordonner que l'auteur du mémoire soit écouté par quelqu'un de ses ministres dans le conseil et matière de finance". Das Projekt wird am 22. Oktober dem Könige von den Ministern Podewils und Borcke überreicht. Sie halten sich verpflichtet, „de représenter fidèlement à sa Majesté l'influence fâcheuse que cette affaire pourrait avoir sur ses intérêts auprès de dites Puissances et de soumettre à ses hautes lumières, s'il est de la prudence de toucher maintenant une corde aussi délicate, quand même les propositions du projetteur se trouveraient très solides, et qu'on eut lieu de s'en promettre des avantages réels et considérables, et s'il ne convient pas mieux en ce cas là, de ne pas mettre même en mouvement l'affaire, mais d'attendre jusqu'à la conclusion de la paix générale." Auf diese Vorstellung hin folgte die mündliche Resolution[13]) des Königs: „Ich bin auch des Sentiments, dass es jetzo gar nicht an der Zeit sey, dergleichen zu unternehmen, und es eher angehen würde, demnächst einmahl ein porto franco daraus zu machen, doch braucht letzteres der Mezenati nicht zu wissen."

Am 15. Dezember 1747 berichtete[14]) der Gesandte Ammon in Haag dem Könige, ein Amsterdamer Kauf-

---

13) Ebenda.
14) R. 68 n. 16 J. 1. V. I. Ausw. Dep.

mann, Namens Jéromes Jogues, beabsichtige nach Emden
zu gehen und dort einen Handel einzurichten. Er bäte
zu diesem Zweck:

1. la sûreté du pavillon de Votre Majesté.

2. que les droits d'entrée et de sortie des marchandises soient modiques.

3. que les marchandises qui viendront à Emden
par transit ne paient point de droits d'entrée et de sortie
ou fort peu de chose.

4. Un privilège exclusif de 2 à 3 ans pour envoyer
2 à 3 vaisseaux à la Chine.

Im Namen des Königs wurde dem Petenten er-
öffnet:

„Quant aux conditions que le marchand Jogues
demande pour s'établir dans mes États je suis bien aise
de vous dire que je me sens très disposé à les lui
accorder . . . . . C'est de quoi vous ferez bien d'informer
le susdit Jogues, n'oubliant pas au reste *de l'encourager
par toutes sortes de motifs à poursuivre* son dessein,
et de lui donner les assurances les plus positives, que je
lui accorderai tous les privilèges et avantages que mes
arrangements intérieurs peuvent promettre et qu'il pourra
raisonablement demander." Die weiteren Verhandlungen
mit Jogues sollten ihn veranlassen, sich in Stettin niederzulassen, wozu ihn jedoch Ammon nicht bewegen konnte,
wie aus seinem Berichte vom 23. Januar 1748 hervor-
geht: „J'ai fait un nouvel effort pour l'engager à s'établir
à Stettin préférablement à Emden, mais il m'a répondu
que cette dernière ville était beaucoup plus propre pour
son commerce avec la France que cependant il pourrait
aussi envoyer les vaisseaux à Stettin pour y porter des
machandises et en prendre de retour." Damit war jedoch
der König nicht zufrieden, und er verfügte: „Weil er

sich nur in Emden etablieren will, so ist mir nicht viel daran gelegen."[15]

Trotz der Verdächtigungen holländischer Interessenten, die Jogues als einen „nichtsnutzigen Projektenmacher" hinstellten, vorwandten sich für ihn in einer Eingabe an den König vom 13. Dezember 1748 Bürgermeister und Rat der Stadt Emden, indem sie vorstellten:[16] „Da wir ein solches Anerbieten (sc. des Jogues) von solcher importantz zu sagen vermögen, dass bei Erfolg einer Allerhuldreichsten Königlichen aggreirung diese Stadt wieder empor und in Vorige Flor Stand zu bringen grosse Hoffnung sey .... so als ergehet in profundester Erniedrigung, zu Ew. Königl. Majestät unser allerdevoteste Bitte, dass allerhöchst dieselben, mit Ertheilung eines huldreichsten Fiat, dieses Land und hiesige Stadt zum neuen Jahres Geschenk zu Beglückseligen in Gnaden geruhen wollen." Die allerhöchst verfügten Erkundigungen über die Person des Jogues lauteten nach dem Berichte des Residenten Erberfeld aus Amsterdam nicht günstig. Derselbe meldete am 28. Januar 1749,[17] er habe sich allergnädigsten Befehls zufolge „ohnverzüglig nach denen Umständen des sich zu Emden niedergelassenen Hieronymus Jogues geinformieret, und in Erfahrung gebracht, dass er hier vor diesem als Buchhalter auf ein französisch Comtoir gestanden, nachher so etwas weniges genegotiiret hat, durch seine sehr schlechte und gottlose Conduite aber ist selbiges nur von wenig Dauer gewesen, habende sich dermassen in Schulden gesetzet, dass er durch die Verfolgung seiner Creditoren von hier sich hat wegbegeben müssen, folg-

---

[15]) Ebenda.
[16]) Ebenda.
[17]) R. 68 n. 16 J. 1. Vol. I. Ausw. Dep.

lich ist nicht zu denken, er hier als ein solcher sattsahm
bekannt, dass bemittelte Leute mit ihm etwas entriren,
oder an seinen propositiones Theil nehmen werden,
glaube auch nicht, dass er von dem Commercio die Erfahrung hat."

Nach dieser wenig schmeichelhaften Empfehlung
berichtet das Generaldirektorium den 11. März 1749 an
das auswärtige Departement, dass Se. Majestät laut
allergnädigsten Kabinettsordre verordnet haben, „dass
bey angeführten Umständen und gegründeten Bedenk-
lichkeiten der Jogues nur sogleich gänzlich abgewiesen
werde."[18]

## 4. Der Plan des Chevalier de la Touche.

Am 22. Dezember 1747 berichtete[1]) der preussische
Gesandte in Paris, Baron le Chambrier, dass ein reicher
französischer Rheder willens sei, mit Hilfe kräftiger
Geldmänner unter dem Pavillon des preussischen Königs
jährlich 6 Schiffe von Emden aus in überseeische Länder
zu senden, zu welchem Zwecke ein Passeport erbeten
werde. Bald zogen jedoch nach Mitteilung des Chevalier
die Geldgeber ihre Offerten zurück, da ihnen nach dem
Frieden von Aachen (1748), der den Streitigkeiten in
den österreichischen Niederlanden zwischen Österreich
und Frankreich ein Ziel setzte, der Handel in den ge-
wohnten Bahnen wenig Aussicht auf Gewinn bot. Aber

[18]) Ebenda.
[1]) R. 68 16 J.

de la Touche liess die Sache nicht fallen. Er stellte[2]) unter dem 10. Mai 1748 dem Könige vor: „Les assurances que Monsieur le baron de Chambrier m'a donné de Votre protection royale pour l'exécution d'un plan de commerce maritime à Koenigsberg, Embden et surtout à Stettin, m'avaient déterminé à me rendre auprès de Votre Majesté pour avoir l'honneur de lui communiquer les moyens que je me proposerais d'employer pour établir ce commerce." Er will 8—10 Schiffe in Stettin und Emden ausrüsten und unter dem Pavillon des Königs die Interessenten überzeugen, dass der Handel jetzt nach dem Frieden wieder ebenso blühend sein könne wie vorher, damit sie ihre Fonds, die sie infolge des Kriegs zurückgezogen, für den Handel wieder hergäben. Auch der König müsste wünschen, den Handel in Flor zu bringen.

„Pour moi je regarde que cette paix ne fera qu'augmenter le désir de Votre Majesté de donner enfin à ses Etats la seule splendeur qui lui reste à désirer, je parle, du commerce maritime à etablir, à favoriser, à protéger."

De la Touche machte dem Könige Vorschläge:

1. sur les moyens d'arracher aux hollandais et aux hambourgeois la branche de commerce qu'ils ont usurpée sur les sujets de Votre Majesté.

2. sur les moyens de procurer à ses sujets les facultés de faire tout de la première main et de vendre directement.

3. sur les moyens de, fournis qu'étaient les sujets de Votre Majesté, devenir à leur tour les fournisseurs en leur procurant les débouchements qu'ils auront dans

---

²) Rep. 96, 423A Kabinettsakten.

la suite occasion de faire dans quelques états de l'Allemagne."

Er verpflichtet sich, die Mittel zu liefern, um in den preussischen Häfen geeignete Handelsfahrzeuge zu bauen und die nötigen Schiffsbauleute, Handwerker und Matrosen heranzuziehen.

Ein sehr wichtiger und interessanter Gegenstand wäre dabei, „de déboucher avec un très grand avantage les marchandises provenant des manufactures de la Silésie et autres états de Votre Majesté".

Als Empfehlung kann er seine Erfahrung, die er in den auswärtigen Kolonien gesammelt hat, aufweisen: „Les différents voyages que j'ai fait dans les colonies françaises, anglaises, danoises, hollandaises et presque dans toutes les parties espagnoles de l'Amérique méridionale, m'ont acquis des connaissances particulières sur ce qui est propre et convenable à chaque nation."

Durch das Jogues'sche Anerbieten wurde der Plan de la Touche's zunächst unbeachtet gelassen und zurückgestellt. Zu Anfang des Jahres 1750 kam der König wieder darauf zurück, und er liess de la Touche durch Chambrier bedeuten, dass der französische Projektant in Berlin willkommen sei. Dieser schrieb am 10. Januar 1750[3]) aus Paris an den König unter dem Eindrucke der grössten Freude über die Ausführbarkeit seiner Pläne: „Quelle satisfaction, quel bonheur pour moi, si je parviens comme j'ai lieu de m'en flatter à exécuter sous les yeux même de Votre Majesté et à sa satisfaction les entreprises que j'ai méditées, c'est le plus vif et l'unique des désirs qui me restent, j'attends avec la confiance la plus respectueuse les ordres dont il plaira à Votre Majesté de m'honorer."

---

[3]) Ebenda.

Die Anwesenheit des de la Touche in Berlin und
die Unterhandlungen hatten den Erfolg, dass der
König ihm unter dem 1. September 1750 das Oktroi
bewilligt.

Das Oktroi wird bewilligt aus der Erwägung, wie
es in der Einleitung heisst:[4] „le trouvant conforme à
notre désir de procurer les avantages d'un commerce
maritime à nos sujets."

Dem Ritter de la Touche und der von ihm zu
gründenden Handelskompagnie soll das Recht zustehen,
in Preussischen Häfen Handelsniederlassungen zu errichten und in Emden Magazine, eine Werft, Seilereien
und Segeltuchfabriken anzulegen (1—3).

Das Oktroi wird zur Betreibung aller Zweige des
Handels auf 15 Jahre bewilligt (4). Der Kompagie steht
das Recht zu, jedes Jahr 2 Schiffe nach China zu senden
(5). Transitwaren, sowie diejenigen Waren, die aus
dem preussischen ins Ausland gehen, geniessen Zollbefreiung (6, 7).

Die Einfuhr von Waren aus China, die der einheimischen Industrie schaden können, ist zwar untersagt,
aber dieselben können in Magazinen in Emden gelagert
und an Fremde zum Verkauf gebracht werden (8).
Der Härings-, Stockfisch- und Walfischfang von Emden
aus ist gestattet (9). Der Handel ist nach allen freien
Häfen zulässig (10). Der Kompagnie ist erlaubt, zwei
Fahrzeuge auf der Elbe zu halten, um eigene Waren
von Berlin nach Hamburg zu transportieren, auch Ge-
treide und sonstige Lebensmittel in Königsberg anzukaufen
und auszuführen (11, 12).

Dem Ritter de la Touche wird genehmigt, das nötige
Kapital für das Handelsunternehmen durch Zeichnung

---

[4] Ebenda.

seitens Inländer und Ausländer, welch letztere dieselben
Rechte geniessen sollen, aufzubringen. Auch Adeligen
ist die Beteiligung gestattet (13, 14).

Die Beschlagnahme des Kompagnie-Eigentums im
Falle Überschuldung eines Aktionärs ist nicht zulässig
(15). Die Anwerbung von Matrosen für den Handel in
Emden darf nur in Ostfriesland geschehen (16). Auch
Fremde können angeworben werden (17). Beim Abschluss von Verträgen mit anderen Fürsten und Staaten
wird die Kompagnie eingeschlossen (18).

Im Falle eines Krieges kann die Kompagnie ihre
Fahrzeuge gegen den Feind mobil machen und die gemachten Prisen behalten (19). Die Kompagnie ist befugt, in den in Amerika oder Afrika occupierten Plätzen,
Eigentumsrecht und Herrschaft auszuüben unter Ver-
zicht des Königs auf die Souveränitätsrechte, auch
in Bezug auf die Bergwerke und den Sklavenhandel. In
diesem Falle ist eine goldene Krone von 100 Mark
darzubringen (20).

Der Kompagnie wird der königliche Schutz zugesichert, und die Feststellung von Reglements für die
Leitung ihrer Angelegenheiten vorbehaltlich der königlichen Genehmigung gestattet (21, 22).

Zu dem Oktroi erschienen als Anhang[5]: Projet
d'association pour les intéressés de la Comp. Prussienne
(de la Touche) und die articles[6] de convention pour
servir de réglement à la Compagnie.

In ersterem bekennen die Unterzeichneten, dass
ihnen das Oktroi bekannt sei, und dass sie unter dem
Namen „de la Comp. Prussienne" die gegenwärtige Gesellschaft gebildet hätten. Als Betriebskapital wird 1 Million

---

[5] R. 68. n. 16. J. 1 Vol. 1. Ausw. Dep.
[6] Ebenda.

Thaler angegeben, und die Höhe der Aktie auf 500 Thaler normiert. Die articles de convention handeln von der Einrichtung der Kompagnie, den Rechten der General-versammlung, der Wahl in derselben, der Rechnungs-ablage und der Dividendenverteilung.

Weiter war dem Oktroi beigefügt eine Druckschrift: Exposition d'une partie des opérations de la Compagnie Prussienne.[7]) Dieselbe enthält die Ausführung der Pläne des Projektanten. Dieser wohl geleitete Handel böte „une perspective d'autant plus solide qu'il y a moins de risques et de hazards à courir qu'on ne perd jamais ses fonds de one, est toujours en état, pour calculer, pour ainsi de dire les bénéfices qu'on peut journellement se procurer“.

Zunächst hat die Kompagnie die Ausfuhr von Schiffsbauhölzern aus Pommern, Schlesien, Mecklenburg, aus Preussen und Polen zu betreiben. Auch der Ge-treidehandel und der Vertrieb der schlesischen Leinwand besonders nach Spanien und anderen Ländern wäre für die Kompagnie sehr vorteilhaft, „puisqu'elle pourra les (sc. marchandises) acheter de la première main et les transporter par ses propres bâtiments“.

Als Artikel der Einfuhr werden genannt: Weine, Branntwein, Zucker, Kaffee, Öl, spanische Wolle, ameri-kanische und Levante-Baumwolle für die Färbereien.

In Stettin sollten auf Kosten der Kompagnie grosse Magazine errichtet werden, von wo aus der Verkauf der Waren nach Schlesien, der Lausitz, nach Polen, Mähren und Böhmen zu leiten wäre. Zu diesem Zwecke seien 4 Handelsbote für die Fahrt auf dem baltischen Meere zu bauen, wozu die Kompagnie Holz und die nötigen Stoffe leisten werde.

---

[7]) Ebenda (Siehe Anhang Nr. 1).

Die ersten 4 Fahrzeuge sollten heissen: Frédéric,
Guillaume, Henri et Ferdinand. In Emden sei für sie
ein gesicherter Hafen.

Auch der Härings-, Stockfischfang und die Wall-
fischjagd sei von Emdem aus zu betreiben. Die Fahrzeuge sollten etwa 600 Tonnen tragen können. „La
compagnie parviendra à pousser le commerce dans les
états du Roi au plus haut dégré". Man hat dazu nur
nötig: „des gens expérimentés et avec de la prévoyance,
de l'activité, de l'économie, les succès ne seront pas
douteux".

In zweiter Linie wird in der „Exposition des
opérations de la compagnie Prussienne" der Handel nach
China besprochen.

Der Handel nach China und Indien stehe jeder
Nation frei. Jede Nation sei dort gut aufgenommen und
keine andere dürfe sie stören. Es seien zu diesem Zwecke
Fahrzeuge von 500—600 Tonnen nötig. Der Handel
dortselbst lasse sich betreiben mit „piastres ou matière
d'argent". Die Waren, die man in Canton kaufe, seien
hauptsächlich alle Arten Thee, Rohseide, Damast, gros
de tours, des bours de soie, des satins et d'autres étoffes,
Porzellan und Droguen.

Um die nötigen Mittel für den Handel zu haben,
werde man Leinwand, Schiffsbauholz, Hanf, Teer, Pech
in Spanien gegen Silber verkaufen und damit wieder in
China handeln. Der Vorteil aus dem Handel mit China
belaufe sich auf 60—80 pour cent.

Die gegenwärtige Zeit sei besonders günstig:
„L'heure est enfin arrivée où l'on doit entrer en commerce
avec ses voisins s'animer les uns et les autres à profiter
de la protection que Sa Majesté a accordée pour tant
d'objets de commerce qu'on peut partager avec les autres
nations de l'Europe."

Diese Pläne und die daran geknüpften Hoffnungen
seien nicht etwa nur „projets d'idée", sondern hätten
bereits zu dem Ergebnis geführt, dass sich unter der
Protektion Seiner Majestät die gegenwärtige Kompagnie
gebildet habe.

Am 24. Dezember 1750 berichtete [8]) de la Touche,
dass er als Subskribenten „principaux actionaires" gefunden. Er hätte sich an die Herren von Kamecke,
Vernesobre, Schwartz und Bielefeld gewandt, „pour
veiller à l'administration des affaires". Ausserdem meldete
er „que quelques négociants étrangers lui ont une
connaisance fondamentale et particulière du commerce
maritime doivent se rendre dans les états pour se joindre
à la direction et aider de leurs lumières".

Die mündliche Resolution des Königs lautete hierauf:
„Dass des Königs Majestät ihm lediglich überlassen
müssen, was vor einer Direction er bey seiner Compagnie
etabliren wolle und dass es Deroselben indifferent wäre,
was vor Directoren er dazu benennen würde. Es
däuchte aber Sr. Majestät, dass seine Compagnie noch
nicht auf dem Fusse wäre, einige Directoren zu bedorffen
und schien es Deroselben que si l'on en était l'idéal il
n'y restait guerre du réel. Indes wünschen Sie, dass
es auch der Compagnie glücklich reussiren möchte, obschon für Sie der succès noch in Zweifel stünde".[9])

Trotzdem hatte das Projekt de la Touche's in
Preussen begeisterte Aufnahme gefunden, und sogar in
poetischen Ergüssen war das glückliche Unternehmen
gefeiert worden. Auch Staatsrechtslehrer befürworteten
die Idee, während ausländische Stimmen namentlich in
England sich dagegen äusserten.

---

[8]) R. 96. 423 A. Kabinettsakten.
[9]) Ebenda.

3*

Am 2. Januar 1751 schrieb de la Touche dem
Könige: Je prends la liberté de présenter à Votre M.
l'avertissement aux intéressés qui a été arrêté à sa
première séance tenue le 31. décembre, V. M. la trouvera
conforme à ses intentions".

Der König liess am 4. Januar de la Touche die un-
gnädige Antwort erteilen, wenn auch die Meinung dieses
Schriftstückes für des Königs Interessen noch so gut
wären, „vous conviendrez cependant que ces mêmes
intérêts demandent indispensablement que je vois la fin
de votre entreprise, qui par le grand éclat que vous
avez fait dès le commencement à vos vues et de vos
dessins et par d'autres travers dont mon temps ne me
permet pas d'entrer dans les détails ne me laisse guerre
espérer le succès." [10]) Der König setzte dem Projektanten
einen kurzen Termin, von dem an das Unternehmen
beginnen sollte. Da de la Touche Verlängerung desselben erbat, wurde er mit folgenden Worten beschieden,
das Oktroi zurückzugeben: „Puisque les circonstances
n'ont pas permis qu'ils aient eu leur exécution je ne
puis qu'approuver que vous me remettiez l'octroi que je
vous avais accordé." [11])

Die Direktoren verwandten sich für de la Touche.
Aber auch ihnen wurde die Aussichtslosigkeit der Unternehmung bedeutet, und die mündliche Resolution des
Königs auf ihren Bericht lautete, „que l'entreprise avait
été toute bonne en soi même et que S. M. avait vu avec
plaisir, qu'ils avaient bien voulu se charger d'une espèce
de direction et placer leur argent dans les fonds de la
compagnie. Mais comme S. M. avait bien aperçu que
l'entreprise ne saurait point réussir pour les mains de

---

[10]) Ebenda.
[11]) Ebenda.

Mr. de la Touche vu son manque de crédit et les
mesures fausses qu'il avait pris. S. M. avait trouvé bon
de les en faire avertir, afin de pouvoir prendre leurs
cherches. Que peut-être d'autres gens portent envie
dans le commerce et qui avaient assez de bien pour
fournir des capitaux qui fallaient pour une entreprise de
cette conséquence, se chargeraient de l'affaire et que
Mrs. les sousignés trouveraient le bon dessin d'y placer
leur argent avec sûreté et de manière qu'ils sauraient
espérer des heureux succès de l'entreprise formée."[12]

So gab denn de la Touche am 13. Januar 1751 sein
Oktroi dem Könige zurück, indem er sich rechtfertigte:
„Je me sais un gré infini d'avoir fait une démarche qui
paraît avoir été agréable à V. M. — je remets à ses
pieds les lettres patentes et je la supplie d'être persuadée
des sentiments de la plus respectueuse reconnaisance sur
les expressions de bonté dont V. M. a bien voulu se
servir pour me témoigner sa satisfaction quoique je
n'aie pu mériter auprès d'elle que dans l'intention."[13]

## 5. Der Plan des Mahé de la Bourdonnaie zur Errichtung einer Preussischen Handels- — und Kriegsflotte von 1751.

—

Inmitten der verschiedenartigsten Pläne, die dem
Könige nahe gelegt wurden, um eine ostindische Handlungskompagnie ins Leben zu rufen, trat ein sehr ver-
lockender und darum auch gefährlicher Plan an ihn

[12] R. 96. 423 A. Kabinettsakten.
[13] Ebenda.

heran, bei dem es sich um eine für seinen Staat höchst
wichtige Angelegenheit handelte, um die Gründung einer
preussischen Kriegs- und Handelsflotte. Ein früherer
Lieblingswunsch des Grossen Kurfürsten, Brandenburg
dauernd eine Marine zu schaffen, schien sich jetzt ver-
wirklichen zu können. Der Projektant war der französische Seeheld Mahé de la Bourdonnaie. Als Gouverneur der französischen Inseln Isle de France und Bourbon
hatte er sich durch seine Verwaltung einen guten Namen
erworben. Auch die Verteidigung der französischen
Besitzungen in Ostindien gegen England hatte ihn mit
Ruhm bedeckt. Unliebsame prozessuale Verwickelungen
wegen vorzeitiger Aufgabe seiner gewonnenen Positionen,
die ihn auf die Bastille führten, hatten ihm sein Vaterland verleidet und zu dem Wunsche veranlasst, dem
Preussenkönig zu dienen.

Er übermittelte seinen Plan dem Könige durch den
preussischen Gesandten Ammon.

In dem Eingang seines Mémoire[1] stellt der Fran-
zose zunächst fest, Notwendigkeit für gesicherte Handelsunternehmungen sei die Deckung derselben durch eine
Kriegsmarine. Der aus dem genossenschaftlichen Handel
erübrigte Gewinn könne wohl einen bestimmten Fonds
schaffen „pour créer et entretenir une force maritime
capable de protéger le commerce."

Die Handelsschiffe könnten so gebaut werden, dass
sie leicht kriegsmässig ausgerüstet werden könnten. In
Emden und Umgegend könnten leicht 2000 Infanteristen
gelegt werden, welche auch für den Seedienst auszubil-
den seien. Die Kriegsschiffe wären mit je 300 Mann
und je 36—70 Kanonen zu besetzen. „Cet avantage . . .

[1] R. 96 25 E. Frankreich 1750/51 (siehe Anh. Nr. 5).

acquerrera au Roi de Prusse une nouvelle considération parmi les puissances de l'Europe."

Weitere Detail-Auseinandersetzungen und Vorschläge wären nicht nötig. Die durch Zeichnung bereits vorgesehenen 4 Million L. liessen sich leicht auf 6 Millionen erhöhen, der König selbst möge zur Gründung einer „Compagnie Royale" 5 — 6 Millionen L. zuschiessen. Sollte die königliche Kasse nicht in der Lage sein, so wäre diese Summe ohne Schwierigkeit zu 5 und 6 Prozent zu entleihen und würde sich jemand finden, der die Summe schaffe.

Der Projektant wollte mit seinen Reichtümern und Erfahrungen sich der „Compagnie Royale" anschliessen und beanspruchte nur den Titel eines preussischen Vize-Admirals ohne Gehalt.

Der König lehnte den verlockenden Plan ab und begründete die Ablehnung durch folgende Punkte:

1. „ce projet me mènerait trop loin et me ferait entreprendre des choses auxquelles mes forces ne suffiraient.

2. ces choses pourraient me jetter dans des grands embarras c'est la France qui peut entreprendre d'aussi grands desseins.

3. il ne me convient pas d'embrasser beaucoup de choses importantes à la fois, rien n'est plus vrai que ce qu'on dit communément que tout monde qui trop embrasse mal étreint ce que j'éviterai soigneusement se faire."

# 6. Die Asiatische Handlungskompagnie zu Emden.

Während der Verhandlungen mit de la Touche war
von dem Amsterdamer Heinrich Thomas Stuart bei dem
Könige die Bewilligung eines Oktrois für die Handels-
schiffahrt nach Indien nachgesucht worden.  Der König
schreibt am 2. August 1750 an seinen Kabinettsminister
v. Podewils, dass er geneigt sei, dem pp. Stuart ein
Oktroi auf Jahre nebst dem gehörigen Passe und der
Freiheit, seinen Pavillon zu führen, zu bewilligen, doch
dergestalt, „dass Ich vorderhand an diesem Etablissement
keinen weiteren Antheil nehme, als dass gedachte Entrepreneurs und die von ihnen zu etablirende Compagnie
ihre Schiffe in Emden equipiren, aussenden und einziehen
lassen und sich Meines Pavillons und Passes bedienen
möge, ohne dass Ich Ihnen eine specielle Manutenentz
verspreche, im Fall sie etwa und wieder verhoffen durch
andre negotiirende Nationen darunter traversiret werden
sollen.  Wie denn auch gedachte Compagnie die Freiheit
haben soll, allerhand Waaren, deren Entree und consum-
tio in Meinen Landen erlaubt ist . . . einzubringen und
zu debitiren, herogegen aber die Einbringung aller ver-
bothenen Waaren gäntzlich enthalten." [1]  Das Oktroy
wird dem Stuart und der Kompagnie zunächst auf 10
auf einander folgende Jahre bewilligt.

Am 31. August 1750 verfügt der König noch einmal. dass betreffend der Einfuhr und Ausfuhr sie nichts
mehr und nichts weniger zu geniessen haben, als was
dem de la Touche auf projet d'octroy bewilligt worden sei.

[1] R. 68. n 16 J. 1. Vol. 1. Ausw. Dep.

Am 26. Februar 1751 bittet [2]) Stuart um eine allergnädigste Verleihung der Sicherstellung der von auswärtigen Negocianten in der Kompagnie eingelegten
Kapitalien im Falle eines Krieges. Auf die Vorstellung
des Ministers Podewils und Finkenstein hin lautet die
allergnädigste Resolution:

Potsdam, den 9. März 1751 : „Gut".[3])

In einem „Avertissement [4]) von der neuen Königlichen Preussischen Asiatischen Handlungscompagnie von
Emden auf China" wird die Einrichtung der Kompagnie
näher besprochen und die Einberufung einer General-
versammlung nach Emden bekannt gegeben. Die
Generalversammlung tagte von Ende Mai bis Mitte
Juni 1751. Gelegentlich der Anwesenheit des Königs
im Emden bitten im Namen der Interessenten die unterzeichneten Directoren und Vertreter der Generalversammlung als:

J. de Pottere, J. Frédéric Schmidt aus Frankfurt
am Main, J. Gottfried Teegel, Joh. Thielemann Hesslingk,
Th. Dillon aus Rotterdam, Jacques Meninga, G. Willé,
mand. Hinrich Aug. Philippsen aus Hamburg, Th. Stuart
und Hemmo Süur einige „Desideria" [5]) zu dem Oktroi
des Stuart schriftlich vorzutragen.

In einer Denkschrift wird erbeten:

[2]) R. 68. n 16 J. 1. Vol. II. Ausw. Dep.
„qu'en cas de repture avec quelques Puissances de l'Europe quelle que ce fut, les capitaux . . . . seraint entièrement
exemts de tout arrêt et de toute confiscation.‘·

[3]) R. 68 n. 16 J. 1. Vol. II. Ausw. Dep.

[4]) siehe: V. Ring, Asiatische Handlungscompagnien Friedrichs
des Grossen, Ein Beitrag zur Geschichte des preussischen
Seehandels und Aktienwesens. Berlin 1890.

[5]) R. 96. 423 A. Kabinettsakten, „Auszug aus den Desideriis
der octroyirten Asiatischen Compagnie in Embden." (Siehe
Anhang Nr. 2.)

1. Bewilligung des Oktrois auf mehr Jahre.

2. Die Ausdehnung des Oktrois nur auf den zeitigen Inhaber.

3. Die Erlaubnis, mehr als 2 Schiffe jährlich nach China zu senden.

4. Die königliche Protektion gegen Drangsale von anderen Mächten.

5. Freiheit in inneren Angelegenheiten.

6. Erlaubnis, Reglements und Anordnungen zu erlassen.

7. Die Zustimmung, dass gegen die im Prozesse gefällten Aussprüche seitens der Direktoren keine Appelatio, wenigstens nicht ad effectum suspensionum stattfinden solle.

8. Erlaubnis, die zur Besetzung der Schiffe notwendigen Soldaten und Matrosen zu enrolliren.

9. Bevollmächtigung der Direktoren und Haupt-Partizipanten, Desserteure zu arretiren ohne Zahlung von Sporteln.

10. Befreiung der Kompagnie Soldaten und Matrosen von der Dienstleistung im Königlichen Heere.

11. Zusicherung, dass weder im Kriege noch Frieden S. Majestät sich der Kompagnieschiffe und Armaturen, Magazine und Packhäuser, Offiziere und Matrosen und Bedienter sich bemächtigen werde.

12. Gestattung des Gebrauches des Allerhöchsten Wappens zum Siegel.

13. Die Versicherung, in Alliance- und Commerce-Traktaten die Kompagnie einzuschliessen.

14. Die Erteilung der Erlaubnis an die Kompagnie, im Allerhöchsten Namen mit auswärtigen Souverains Traktate abschliessen zu dürfen.

15. Zollbefreiung für die Einfuhr aus fremden Provinzen.

16. Freiheit von Abgaben während des Transports von Waren innerhalb der Königlichen Lande.

17. Erlaubnis, die nötige Artillerie und das erforderliche Kriegsgerät zur Sicherheit des Handels, „sowie allerhand Kaufwaaren, wenn selbige aus contrebande wären, gemünzt und ungemünzt Silber aus S. Königl. Majestät Landen und auswärtigen Provinzen ein- und auszuschiffen und zu verhandeln."

18. Bewilligung eines convenablen Orts zu den gewöhnlichen Versammlungen und Komtoirs.

19. Die Erlaubnis, nicht zünftige Handwerker einzustellen.

20. Verfügung, dass im Falle eines Konkurses eines Interessenten der Kompagnie, diese vor allen anderen Forderungen berücksichtigt werden soll.

21. Erlaubnis für alle preussischen Unterthanen, auch für die von der noblesse durch Subscription an dem Handelsgeschäfte sich beteiligen zu dürfen.

22. Gestattung, dass Kuratoren das Geld ihrer Pupillen in der Kompagnie anlegen.

23. Bestimmung, dass die Partizipanten und Beamten der Kompagnie nur bei der competenten Obrigkeit belangt werden könnten.

24. Bestätigung der Wahl eines Stellvertreters für auswärtige Partizipanten.

25. Erlaubnis, jederzeit zwecks Verbesserung der Statuten Sr. Majestät Wünsche vorzutragen.

Der König sagte durch eigenhändige Randbemerkungen die Bewilligung der einzelnen Paragraphen zu und verfügte von Emden aus die Ausfertigung einer Deklaration für die asiatische Handlungskompagnie. Die Minister des auswärtigen Amtes und des General-Direktoriums waren mit der Königlichen Deklaration einverstanden: nur der Geheimrat Faesch hielt es für angezeigt, unter dem 6. Juli 1751 ein „Promemoria" [6] einzureichen „wegen einiger Articles, welche der Deklaration, des die Asiatische Handlungs-Compagnie zu Emden ertheilten Octroy, zu ihrem grösseren Lustre und mehreren Beförderung noch mit inseriret werden könten."

1. Dass die Gagen der Kompagnie-Beamten von jeder Arrestbelegung befreit werden sollten.

2. Dass nur der in der General-Versammlung Stimme haben solle, der 12 Aktien besitze.

3. Die Kompagnie solle nur eigene Schiffe gebrauchen und nur Leute, die für ihren Dienst besonders vereidigt seien.

4. Dass die Direktoren durch Eid an die Instruktion der General-Versammlung gebunden seien.

5. Dass die Bestätigung der Wahl nur durch die Generalversammlung zu erfolgen habe.

6. Dass die Direktoren ihre Aktien nicht cedieren dürfen.

7. Dass die Direktoren ihr Amt gratis zu verwalten haben.

8. Dass die Beschlussfassung wichtiger Angelegenheiten von der Gegenwart vor 3 oder 4 Direktoren abhängig ist.

9. Dass alle 2—3 Jahre die Direktoren Rechenschaft der Generalversammlung abzulegen hätten, wobei sich ergeben müsse, dass ein genügender Kassenvorrat vorhanden sei.

10. Dass den Direktoren und Bediensteten der Kompagnie der Partikularhandel verboten sei.

11. Dass den Kapitäns und Kommandanten der Schiffe vollständige Jurisdiction über die Equipage und Soldaten zustehe.

---

[6] R. 68. n. 16 J. 1. Vol. II. Ausw. Dep. (siehe Anhang Nr. 7).

Die Faesch'schen Vorschläge fanden die Zustimmung
des Königs, nicht die des General-Direktoriums, das dadurch die innere Freiheit der Kompagnie für gefährdet
hielt. Bald waren 482 Aktien gezeichnet; Haupt-Aktionäre
waren die Direktoren und Partizipanten der Kompagnie
mit 398 Aktien.[7])

Die Hauptbestimmungen der Deklaration für die
Asiatische Handlungskompagnie des Heinrich Thomas
Stuart[8]) vom 8. Juli 1751, die auf Grund der Allergnädigsten Resolution zu Emden am 15. Juni verfasst
war, wurden in einer Druckschrift: „Ausführliche Nachrichten von der Octroyrten Königlich-Preussischen Asiatischen Compagnie in Emden nach Canton und China"
bei Brantgum in Emden und in einer: „Information
étendue de la Compagnie octroyée par Sa Majesté
Prussienne, établie à Emden sous le nom de Compagnie
Asiatique à Francfort s/M chez François Varrentrapp[9])
veröffentlicht. Die Druckschriften enthalten die Paragraphen über die Satzungen des Oktrois für Stuart.
In Ausführlichkeit wird sich dabei über die Übertragung
der Aktien, über Rechte und Pflichten der Aktionäre
verbreitet.

„Lorsque quelqu'un veut transporter son action à
un autre, il doit la montrer au directeur ou principal
participant le plus voisin, afin qu'il sache qu'il est le
vrai propriétaire à Embden, en indiquant le numéro et
le nom, pour pouvoir être enrégistré dans les livres de
la Compagnie et l'on en paye un Ecu, outre un demi

---

[7]) R. 96. 423 B. Kabinettsakten. „Unterzeichnete Actionisten
für die Asiatische Handelscompagnie in Embden." (Siehe Anhang Nr. 3.)

[8]) R. 68 n 16. J. 1. Vol. II. Ausw. Dep.

[9]) R. 96. 423 B. Kabinettsakten.

écu pour les pauvres, à quoi Acheteur et Vendeur sont
intéressés de la moitié chacun."

Wenn einer die Aktien verkauft hat, ohne die
vorher berührte Meldung zu machen, so soll der Käufer
als Eigentümer angesehen werden. Die Aktie kann
nicht mit Arrest belegt werden. 10 Aktien geben
Stimmrecht in der Generalversammlung. Wer nur
1 Aktie hat, kann sich zu diesem Zwecke 9 von andern
übertragen lassen. Wer 21 Aktien hat, kann die Bücher
der Kompagnie prüfen, wenn er den Eid der Verschwiegenheit geleistet hat.

Der König befahl am 23. Juli 1751, dass dem
Oktroi des Stuart noch einige Punkte möchten inseriret
werden. Diese Zusätze sowie die in dem „Promemoria"
des Geheimrats Faesch enthaltenen Artikel schufen als
Instruktion für die innere Verwaltung die „Deklaration
für die Direktoren der Asiatischen Handlungscompagnie"[10])
vom 19. August 1751.

Die vom Könige zur Insertion empfohlenen Punkte
sind:[11])

1. Jeder Direktor und Partizipant muss 10 Aktien
nehmen.

2. Keinem Beamten soll seine Gage zurückgehalten
werden.

3. Hauptsächlich soll sehr genau darauf gehalten
werden, „dass wenn der jährliche Schluss der Rechnung
von der Compagnie gemacht und darauf der Dividend
vor die Interessenten reguliret wird, sodan darunter
mit aller droiture zu Werk gegangen und wohl beobachtet werden müsse, damit diejenigen, so viele Aktien
bezitzen, nicht das geringste von denen, so wenig Aktien

---

[10]) R. 68 n 16 J. 1. Vol. II. Ausw. Dep.
[11]) R. 96. 423 B. Kabinettsakten.

haben, voraus bekommen, sondern dass vielmehr der
Gewinst mit einer vollkommenen Gleichheit nach proportion einer jeden Aktie getheilet werde, auch weder
der Directeur noch der Haupt-Partizipant noch sonst
jemand ein mehreres ihrer Aktien wegen bekommen
müssen; alles wie es nach einem general divisorum auf
alle und jede action betragen wird.

Und wenn es die Billigkeit erfordert, dass kein
Gewicht mehr gerechnet werden kann, bevor nicht die
Ausgabe und die Schulden davon abgezogen und abgeführet werden, So soll bey der jährlichen Abrechnung
nur summarische Balance aus den Hauptbüchern gezogen
und darin deutlich exprimiret werden, wie stark der
fond gewesen, was davon überall ausgegeben und zum
Einkauf der Waren zum Handel der Compagnie verwandt
werden müssen, wieviel daraus beim Verkauf überhaupt
gelöset werden, und wie hoch also nach Abzug aller
Ausgaben und Kosten der profit für die Compagnie geblieben ist, mithin wie hoch der Dividend auf eine jede
Aktie ohne Distinction geblieben. Welche Balance jeden
derer Interessenten nicht verweigert werden muss, auf
dass selbige, von der darin eingehaltenen Gleichheit und
Droiture versichert seyn und keine Unrichtigkeit darunter
unterlauffen können, als wofür die Directeurs samt und
sonders der Compagnie responsable bleiben."

Schon im Februar 1751 wollte Ammon den König
bestimmen, ein Mémoire an die Höfe in Haag und
London zu richten, in welchem angezeigt werden sollte,
dass ein Handel mit des Königs Zustimmung nach Indien
und China errichtet werde. Man solle die preussischen
Unterthanen als solche befreundeter Nationen behandeln.

Der König war anfangs dagegen, weil dies gegen
„seine gloire" sei: schliesslich willigte er dennoch ein,
und so wurde am 23. Oktober 1751 ein diesbezügliches

Schreiben [12]) an die Höfe zu Haag, London und Paris
gerichtet: die Kabinette von England und Holland
werden ersucht, „de donner des ordres positifs à leurs
Amirautés et aux Commandants de leurs ports tant en
Europe, qu'aux Indes Orientales, de traiter amiablement
les vaisseaux de la dite Compagnie naviguants sous mon
pavillon et sous mes passeports et de ne pas refuser dans
le besoin l'abord l'aiguade et toute sorte de secours et
d'assistance".

Freundschaftlicher lautete die Mitteilung an Lord
Marishal [13]) nach Paris. Es wurde darin appelliert an die
„liaisons aussi étroites et intimes", die Frankreich mit
Preussen verknüpften. Von Holland und England lief
auf die Mitteilung keine Antwort ein, was dem Könige
auch erwünscht war.

Marishal konnte in einer Depesche vom 11. November 1751 berichten, dass der französische Minister Comtest
ihm versichert habe, dass Frankreich den Schiffen der
Kompagnie alle mögliche Hilfe werde angedeihen lassen. [14])

Um den Handel in Emden in Flor zu bringen, erklärte der König durch Patent [15]) vom 15. November 1751
den Hafen in Emden als Freihafen. Der hohe Protektor
erklärt, dass Seine landesväterliche Fürsorge dahin gerichtet sei, „das Commercium in Unserem König-Reich,
Chur-Fürstenthum, auch gesamten Provintzen und Landen,

---

[12]) R. 68 n, 16 J. 1. Vol. II. Ausw. Dep. (siehe Anhang 5).

[13]) R. 68 n, 16 J. 1. Vol. II. Ausw. Dep. (siehe Anh. Nr. 6).

[14]) R. 68 n. 16 J. 1. Vol. II. Ausw. Dep. „Extrait de la
Depêche de Mylord Marishal de Paris du 11. nov. 1751". „Mr.
de St. Comtest m'a promis qu'on accorderoit" dans les Ports
qui appartiennent à la France, aux Vaisseaux de la Comp.
d'Embden tous les secours, dont ils pourroient avoir besoin aussi
souvent que l'accasion s'en présenteroit".

[15]) R. 68 n. 16 J 1. Vol. II, Ausw. Dep. (siehe Anm. Nr. 8).

als die eigentliche und wesentliche Quelle, wodurch einem Lande und dessen Einwohnern Seegen, Reichthum und Überfluss zugeführet wird, immer mehr zu verbessern, in rechten Flor zu bringen und darin zu erhalten". Deshalb habe er sich entschlossen, besonders um „das wahre Beste unserer Stadt Emden und derselben Commercium um so viel stärker zu befördern und florisanter zu machen", den Hafen zu Emden zum „Porto franco" zu erklären, und zwar dergestalt, dass alle und jede daselbst ankommende Schiffe und Kaufmanns Güther, sowohl Einheimische als Fremde, von welchen Puissances, Republiquen, Staaten, Länder und Nationen letztere nur immer seyn können und mögen, bey ihrem Ein- und Auslauffen in den Hafen zu Emden frey von allen Importen und Auflagen seyn".

Ein angeblich hoher Beamter der holländisch-ostindischen Compagnie de Mauregnault überreichte unter dem 24. Dezember 1751[16]) dem König ein Mémoire, indem er Vorschläge zur Errichtung von Handelskolonien in Indien macht, die nur auf den „gloire et les intérêts de Sa Majesté" gerichtet seien.

In den „lettres d'octroi" mussten geregelt werden:

1) Die Grenzen, innerhalb welcher sich der ganze Handel zu bewegen habe.

2) Das Betriebskapital und die Verwendung desselben in Europa und an überseeischen Plätzen.

3) Die Art der Retourfracht und die Verteilung der Dividenden.

4) Der Gewinn, der auch dem Handel für die königliche Kasse zu erzielen sei.

---

[16]) R. 96. 323 B. Kabinettsakten „Mémoire contenant les matières que y avais projectées de réprésenter verbalement à Sa Maj. et même d'appuyer ce mémoire selon l'exigence par vos bons offices".

4

Die Art der Ausführung der einzelnen Punkte des
Mémoires ist sehr umständlich und weitläufig. Der
Projektant bringt sich als Kolonialdirektor und Minister
in Vorschlag, obschon er am Schlusse höchst uneigennützig
versichert: „Jugez si mes intentions ont été dirigées pour
les intérêts de ce monarque, qui par la, ayant à attendre
les trésors de l'orient, et de l'occident, pourrait d'ailleurs
encore voir l'étendue de ses conquêtes et possessions
jusques en ces parties du monde les plus éloignées".

Die Antwort, mit welcher am 27. Dezember 1751
die grosssprecherischen und verlockenden Vorschläge dieses
Projektanten zurückgewiesen werden, ist wieder bezeich-
nend für die Vorsicht und den Takt, mit dem die
einzelnen Handelsprojekte behandelt werden. Die Antwort, die den Verfasser nicht erkennen lässt, da sie
ohne Unterschrift in den Akten sich findet, ist zweifels-
ohne im Sinne des Königs gegeben. Sie lautet: „Dieses
weitläufige Schreiben hätte auf einem halben Bogen
deutlicher angebracht werden können, der autor imitirt
den de la Touche, und wenn seinem Plan gefolgt würde,
wäre alles verdorben; denn es ist nicht an dem, dass
die Verbesserung der Handlung in Sr. Königl. Majestät
Landen allein oder grössten Theils von der Asiatischen
Compagnie abhanget, ohne diese kan das commercium
verbessert werden, die Argumenta, welche er gegen der
Compagnie Verbesserung anführet, beweisen nichts,
weilen er davon nicht wohl informirt ist, zumahlen
bereits veranstaltet worden, was er zu verbessern suchet.
Die Inseln und andere Etablissements sind schon lange
angemerkt worden, man muss aber die Zeit abwarten,
biss man sich deren bemeistern kann, auf einmahl und
bevor man die erste Reisse gethan hat, ist es nicht
möglich. Der autor recommandirt sich zum Ministre,
er wil ein recht erhabenen Caracter haben, und drittens

ist alles, was er ersuchet, damit er einige, vielleicht rechtmässig in Holland zu fordern habende Einkünfte unter Seine Königl. Maj. Assistenz erlangen kan.

Könte man Ihme trauen, so möchte er Dienste thun, und nützlich seyn können, wofern es würklich wahr ist, dass er in Diensten der Ost-Indischen Compagnie ge standen". [17])

Unterdessen war man beschäftigt, die Kompagnie bald in Thätigkeit treten zu lassen. Es wurden zwei Schiffe in England angekauft. Am 10. Dezember 1751 konnte gemeldet werden, [18]) dass die unter dem Kommando des Mitdirektors Smellentin von Kronenfels stehenden Schiffe schon am 29. November in dem Emsflusse ein gelaufen seien und nach glücklich überstandenem Sturme am 7. Dezember bei dem sogenannten „Hook van Loegum" geankert seien. Es seien ganz vortreffliche Schiffe. Der König sprach in einem Schreiben vom 16. Dezember sein Vergnügen über den Ankauf der Schiffe aus, konnte aber dabei nicht unterlassen, noch einmal den Direktoren ans Herz zu legen „allen und möglichen Fleiss anzu wenden, dass sothane Schiffe nunmehr mit ihrer Ladung baldigst zu ihrer Destination nach China abgehen sollten."

Am 15. Februar 1752 ging das 1. Schiff „der König von Preussen" von Emden ab, musste aber bei widrigem Winde, wie der Präsident Lentz aus Aurich meldete, schon bei Delfzyl wieder Anker werfen. Am 20. habe sich der Wind gelegt, und das Schiff habe glücklich in volle See [19]) gestochen. Die Grösse des „Königs von Preussen" betrug 150′ Länge, 38′ Breite und 19—20′ Tiefe.

---

[17]) R. 96. 423 B. Kabinettsakten.

[18]) Ebenda.

[19]) Die Seepässe für 2 Schiffe wurden schon am 6. August 1750 in lateinischer Sprache ausgestellt, erneut am 23. Nov. 1763 (siehe Anhang Nr. 11).

Er war besetzt mit 120 Mann, 12 Grenadieren und
30 Kanonen.

An Waren nahm es mit: „einige feine Tücher und
Etamins aus Berlin, eine partie Bley, alls übrige an Geld
für den Hoppe oder den Gouverneur in Canton ist zum
Geschenk etwas Silberzeug als Tée Kessel in Berlin gekauft auch 2 stück Blau Sammet." An Schiffsbeamten
werden aufgeführt: 1 Capitän, 2 Lieutenants, 1 Ober-
Steuermann, 2 weitere Steuerleute, 1 Ober-Carga (Th.
Stuart), 2 Cargas, 1 Schiffsbuchhalter, 2 Assistenten,
1 Schiffs-Prediger, 1 Capitän-Militär, 1 Ober-Chirurgien,
1 Chirurgien. [20])

Ein recht unangenehmer Zwischenfall ereignete sich
auf der ersten Fahrt des „Königs von Preussen". Bei
Duyns wurde er von einem englischen Kriegsschiffe,
der Surprise, angefallen und untersucht, um festzustellen,
ob etwa Engländer als Matrosen darauf thätig seien.

Es wurden auch 7 Matrosen von dem feindlichen
Schiffe reklamiert, die Dienste genommen, ohne ihre
Nationalität anzugeben. Der englische Gesandte Michell
suchte über den Zwischenfall zu beruhigen.

Die Stimmung in England war der Kompagnie nicht
günstig. Es wurde eine Bill verbreitet, die die Unterthanen Englands an der Übernahme der Versicherung
fremder Schiffe hinderte.

Auch sollte den Kompagnieschiffen der Eintritt in
die englischen Häfen verweigert werden. Die Antwort
Englands auf die Anzeige des preussischen Hofes wegen
Errichtung einer Handlungskompagnie traf nun auch
ein. Der König schwieg sich gegen England aus; nur
dem französischen Ministerium teilte er vertraulich mit,
„auf was für eine unfreundliche Arte jetzo und seit

---

[20]) R. 96. 423 B. Kabinettsakten (siehe Anh. Nr. 9).

einiger Zeit her der englische Hof gegen Se. Königl.
Maj. agitiren". Er hoffe, dass das französische Ministerium
ein ernstes Wort zu den Engländern spreche. Gegen
Holland ging der König scharf vor.

Er wies seinen Geschäftsträger Hellen in Haag an-
dorten zu „insinuiren", man solle fernerhin die Schiffe
der Embdanischen Compagnie nicht bedrohen, „da sonsten
die inevitable Folgen davon seyn dörfften, dass Se. K.
M. keinen dero Unterthanen weiter erlaubte, in den
Dienst des Staates zu treten auch die darein bereits be-
findliche zu rapelliren".

Ein weiteres Missgeschick für das Gedeihen der
Kompagnie war, dass Streitigkeiten unter den Direktoren
ausgebrochen waren. Der Mitdirektor Forbes wurde
angeklagt, Geld aus der Kompagnie-Kasse genommen zu
haben. Der Direktor Dillon wurde beschuldigt, mit dem
englischen Kapitän Thomson einen heimlichen Nebenhandel verabredet zu haben. Dillon erstrebe ausserdem,
den Thomson auf das zweite Kompagnieschiff zu bringen,
nachdem er von dem ersten entfernt worden wäre.
Dadurch würde die Abfahrt des zweiten Kompagnie-
schiffes verzögert. Der Equipagenmeister Meurs, ein
altgedienter Beamter der Holländischen Kompagnie, be-
schwerte sich, dass man ihm von der aus England mitgebrachten Equipage kein Inventar hätte geben wollen,
so dass er seinen Dienst hätte aufgeben müssen.

Am 28. Februar 1752 berichtete [21] Lentz, der
Präsident der ostfriesischen Kammer in Aurich, an den
König von der „Conduite" der Direktoren bei der
Asiatischen Handlungskompagnie in Emden. Er habe
die Klagen des altgedienten Equipage-Meisters Meurs
und die brouillerien der Direktoren soweit beigelegt,

---

[21] R. 96. 423 C. Kabinettsakten.

nachdem er sich selbst nach Emden begeben habe.
Sie hätten ihm versprochen, schuldige „parition" zu
leisten, so dass die Tage, wo er in Emden gewesen,
Ruhe und Frieden geherrscht babe. Nur die Direktoren
Forbes und Dillon seien die Störenfriede gewesen. Sie
hätten der ordentlichen Versammlung der 3 Direktoren
Teegel, Kronenfels und Poltere gar nicht beigewohnt,
sondern seien abgereist. Er habe alles „discursweise"
behandelt, wodurch sämtliche Direktoren am besten
überzeugt wurden, dass S. M. das „intérieur" der Kompagnie ihnen gerne überliesse, und nur darauf dränge,
dass Ordnung und Harmonie unter ihnen herrsche.

Die 3 Emdener Direktoren hätten den Grund aller
Streitigkeiten darin gesucht, dass Forbes und Dillon
danach getrachtet hätten, die Schiffe mit Engländern zu
besetzen, welches sie auch anfänglich als „complaisance"
hätten geschehen lassen. Als sich aber die bösen Folgen
hätten herausgestellt, so wären die Engländer wohl ent-
lassen worden, und das hätten sich Forbes und Dillon
zum Schimpf gerechnet, und sie seien darüber verbittert.
Ferner wurde Dillon beschuldigt, wie bereits oben erwähnt, beim Ankaufe der Schiffe in London gewesen
zu sein und mit dem Kapitän Thomson gegen den Grund-
satz der Kompagnie einen heimlichen Nebenhandel nach
China „convertiret" zu haben.

In seinem Berichte vom 6. März führte Lentz weiter
Beschwerde über das Verhalten der Direktoren. Dieselben
hätten die Nachricht verbreitet, S. Majestät wolle die
administrierenden Direktoren Teegel, Kronenfels und
Pottere gänzlich „desapprobiren". Diese seien dadurch
scheu geworden und wollten von Emden wegziehen mit
ihrem Vermögen. Sie führten Klage dass

1) Dillon ein unruhiger Mann sei,

2) dass derselbe unerlaubte „Demarches" gemacht habe,

3) dass er die Abfahrt des 2. Schiffes mit äusserster Gewalt verhindere, um mit dem Kapitän Thomson einen heimlichen Handel treiben zu können,

4) dass Dillon trachte, die ganze Direktion in die Hände der Engländer zu bringen.

Die Streitigkeiten dauerten fort und wurden vor die vom 15. Mai bis 8. Juni tagende Generalversammlung zu Emden gebracht. Auf derselben wurde auch Rechnung über Einnahme und Ausgabe gelegt.

Die Abrechnung ergab folgendes:

Die Einnahme ergab aus der Zeichnung von 1722 Aktien à 500 Thlr.[22] ein Kapital von: 861000 Thlr. Dieser Einnahme stand gegenüber eine Ausgabe von: 375200 Thlr. und 309845 Thlr. insgesamt 685045 Thlr., sodass noch bar in Kassa, bezw. noch ausstehend bei den Kollekteurs verblieben: 175955 Thlr. Der „König von Preussen" erforderte eine Ausgabe von 375200 Thlr., das 2. Schiff „die Burg von Emden" eine solche von 309845 Thlr. In dieser Summe waren auch die Assekuranz-Prämien mit 49000, bezw. 43945 Thlr. enthalten.

Die Direktoren Dillon, Faber und Kronenfels nahmen infolge der Streitigkeiten ihre Demission. Als neuer Direktor wurde nur Schütze in Berlin und als dessen Stellvertreter Krampe aus Amsterdam gewählt, vorbehaltlich der königlichen Bestätigung. Auf der Generalversammlung wurde weiter bestimmt, dass der 3. Direktor ebenfalls in Emden wohnen müsse. Die Direktoren Teegel und Pottere schlugen O. Ruysch aus Amsterdam vor. Lentz befürwortete die Wahl, indem er am 21. September 1752 an den König berichtete, der Kaufmann

---

[22] siehe Anh. Nr. 10.

O. Ruysch aus Amsterdam sei von der Asiatischen Kompagnie zum Direktor gewählt worden. Ruysch halte jeder für reich; auch habe er Erfahrung im Ostindischen Handel, da er ein wirklicher Hauptpartizipant gewesen sei. Er wolle mit seiner Familie und seinem ganzen Vermögen nach Emden ziehen und bitte nur um den Charakter als Kommerzienrat. Die Ernennung zum Kommerzienrat wurde auch vom Könige bewilligt. In der betreffenden Bestellung vom 1. Oktober 1752 wurde betont und verlangt, „dass derselbe Uns und Unserem Königlichen Hause jederzeit treu, gehorsam und gewärtig sei. Unser Nutzen und Bestes nach seinen äussersten Kräften allemal suchen und befördern, Schaden und Nachteil aber, so viel als immer thunlich verhüten und abwenden solle".

Es wird ihm ausserdem die Verbesserung des „commercium", nicht nur in der Asiatischen Kompagnie sondern auch in dem ganzen Fürstentum Ostfriesland und in den übrigen Staaten und Landen empfohlen, auch zu solchem Behuf praktische Vorschläge zu bringen, sowohl der Domänenkammer, als auch „Unser Allerhöchsten Person". Nähere Erkundigungen[29]) über die Person des Ruysch ergaben, dass er ein Spekulant in Aktien der Ostindischen Compagnie gewesen und früher das Barbierhandwerk betrieben habe. Der Haupt-Partizipant Schmidt in Frankfurt a. M. war über die Empfehlung des Ruysch durch Lentz und die Emdener höchst aufgebracht. Seine

---

[29]) R. 96. 423 C. Kabinettsakten. Lentz berichtet Aurich, den 17. Oktober 1752: 1. Reuss habe durch unerlaubte Mittel es dahin einzuleiten gewusst, dass er von den Emdischen Direktoren erwählet worden sei: 2. dieser O. Reuss sei statt ein Kaufmann ein Barbier von Profession: 3. er habe sein Vermögen durch allerhand schlechte Wege zusammengebracht.

schriftlichen Äusserungen hatten den Erfolg, dass der König das Patent des Ruysch zum Kommerzienrat zurückzog.

Am 4. Oktober 1752 stach das 2. Schiff „die Burg von Emden" in die See. Es hatte eine Länge von 150'.

Am 6 Juli 1753 traf das 1. Kompagnieschiff „der König von Preussen" in Emden ein. Lentz konnte am 9. Juli dem Könige berichten [24]), das Schiff habe 6 Monate auf der Hinreise, 5 Monate 22 Tage auf der Rückreise gebraucht, 4 Monate 18 Tage habe es in Canton still gelegen, insgesamt habe die Zeit seiner Abwesenheit 16 Monate und 7 Tage betragen. Es habe keinen „considerablen Sturm", noch sonst böse Zufälle erlitten, auch nichts von den „Corsaren" erblickt. Auf der Hinreise kamen 13, auf der Rückreise 2 Leute um. In Canton selbst blieben 5 Mann tot, sodass sich der Gesamtverlust auf 20 Personen stellte. Erfrischung wurde eingenommen auf der Hinreise auf der Insel Java, auf der Rückreise auf der Insel St. Helena. Überall wäre das Schiff von den Engländern und Holländern gut aufgenommen worden. Die Chinesen, die vieles vorher von den Preussen gehört, hätten sich gefreut, diese Nation auch kennen zu lernen. Man hätte der Kompagnie alle Freiheit zugestanden, die andere Nationen dort genössen. Der Hoppo oder Gouverneur habe kein Geschenk genommen. Ein Mandarin, als er den preussischen Adler in der Flagge des „Königs von Preussen" gesehen, habe gesagt: „Wir haben dergleichen grossen Vogel schon mal gesehen, aber ihm keine Dauer zugetraut, weil er 2 Köpfe hatte. Dieser grosse Vogel, der nur einen Kopf hat, wird es länger aushalten."

Die Equipage rühme, die in Canton gelegenen Schiffe der Franzosen, Engländer, Holländer, Schweden und

---

[24]) R. 96. 423. D. Kabinettsakten.

Dänen hätten ihnen alle mögliche Hilfe und Höflichkeiten erwiesen. Aus der Carga könne wohl $^{50}/_M$ gelöst werden. Die unter S. Majestät hohem Bildnis und Namen geprägten „piastres hätten in Kanton sogleich cours gekriegt und ist ihr Alloi recht gut befunden".

Nach dem Verzeichnisse aus der Ankündigung der Güterversteigerung des Schiffes vom 25. August 1753 [25]) waren aus China an Koloniewaren und Droguen eingeführt worden: Sago 450 Pfd., Curcuma 7700 Pfd. Radix China 5700 Pfd., Galgant 6400 Pfd., Rabarber 2067 Pfd., Perlmutter 8900 Pfd., Stern-Anys 235 Pfd., Bergzinnober 122 Pfd., Quecksilber 245 Pfd., Antimonium 245 Pfd., Borax 245 Pfd., Kampher 130 Pfd., Alaun 325 Pfd., Aloe 160 Pfd., Drachenblut 122 Pfd, Muscus $8\frac{1}{2}$ Pfd., Tée boey 451730 Pfd., Tée Congo 65832 Pfd., Tée Perco 2919 Pfd., Tée Soatchon 14453 Pfd., Tée Singlo 5642 Pfd., Tée Haysan 6100 Pfd.; an Rohseide 3040 Pfd., an seidenen Stoffen: 60 Stück Meuble-Damaste, 794 Stück Damaste mit 18 Couleurs, besonders viel Porzellan, verschiedene Service, Terrinen und Salatière. Der Gewinn ergab nach der Schlussrechnung vom 15. Juni 1754: 3671637 Thlr., sodass 5% Dividende sich ergab. Der König war mit dem Ergebnis sehr zufrieden. Es wurde keine Dividende verteilt, sondern der Überschuss zur Vergrösserung des Betriebskapitals verwendet.

Am 31. Dezember 1753 lief das 3. Kompagnieschiff „der Prinz von Preussen" aus, und im April 1754 ging das 1. Kompagnieschiff „der König von Preussen" wieder auf die Reise. Das 2. Schiff „die Burg von Emden" kehrte im Mai 1754 wohlbehalten zurück. Die Carga [26]) betrug: 435427 Pfd. Thee Boey, 46536 Pfd. Thee Congo,

---

[25]) R. 96. 423. D. Kabinettsakten (siehe Anhang Nr. 11).
[26]) R. 96. 423. E. Kabinettsakten (siehe Anhang Nr. 12).

65548 Pfd. Thee Soatchon, 21510 Pfd. Thee Singlo,
589 Pfd. Thee Haysan, 4604 Pfd. Thee Pecko, ausserdem mehrere hundert Stücke Meuble-Damaste und Seidenstoffe und über 1200 Kisten Porzellan.

Auch diesmal wurde keine Dividende verteilt. Im
Dezember 1754 konnte „die Burg von Emden" wieder
auslaufen. Um diese Zeit wurden auch Verhandlungen
gepflogen wegen des Baues eines 4. Schiffes in Amsterdam. Splittgerber und Schütze baten²⁷), S. Majestät
möge den Gesandten in Haag beauftragen, dafür Sorge
zu tragen, dass der Bau nicht gestört werde.

Anfang 1755 stach auch das 4. Schiff „Ferdinand"
in See, und im Juli desselben Jahres kehrte das 3. Schiff
„der Prinz von Preussen" wieder zurück. Im Juni 1756
liefen die beiden ersten Kompagnieschiffe „der König
von Preussen" und die „Burg von Emden" wieder wohlbehalten im Hafen zu Emden ein. Es ist die letzte er-

---

²⁷) R. 68 u. 16 J. 1 Vol. II. Ausw. Dep. Hierauf: Resolution vor die Directeurs der asiat. Comp. vom 13. Dec. 1754.
„S. Maj. lassen denen Directeurs ... zur gefl. Resolution erteilen, dass weilen Höchstdieselben bedenklich finden, dieserhalb
einige Demarchen in Holland zu thun, ehe und bevor Sie zu-
verlässig informieret sind, wie es daselbst bisher mit dem Schiffs-
Bau-Commercio gehalten worden, ob solches vollenkommen frey
getrieben werden ... ob in Holland zum Dienst anderer nach
Indien handelnden Comp.-Schiffe gebauet und verkauft werden
dürfen, oder ob einige alte und neue Octroyen, Placaten, Edicte
oder andere Verordnungen vorhanden, wodurch die Ausfahrt
von dergl. Schiffe verbothen ... ob solche noch in Vigore sind
und endlich, gesetzt dass man das quaest. Schiff in Holland
arretieren wollte, ob eine in denen Landes-Gesetzen gegründete
Chicane zu erdenken, wodurch dergl. Unternehmer coloriert
werden könnte." Haben Höchstged. Majestät dero Chargé
d'affaires in Holland aufgegeben über alle diese Punkte genau
und gründliche Information einzuziehen."

freuliche Nachricht in der Geschichte der Asiatischen
Handlungskompagnie.

Schwere Tage sollten über die Kompagnie herein-
brechen. Der Direktor Forbes hatte 1755 „Banquerout"
gemacht, war von Rotterdam flüchtig gegangen und hatte
vor Ausbruch seines Konkurses seine 20 Aktien an das
Haus Levingston und Symson cediert. Die Kompagnie
war in Geldnot gekommen und hatte bei der Emdener
Deichkasse ein Anlehen von 60000 Thalern aufnehmen
müssen. Die Schuld wurde bald wieder gedeckt. Eine
neue Anleihe von 20000 Thalern wurde von den Direktoren Teegel und Pottere beantragt, von dem Könige
aber kurzer Hand abgelehnt.

Mit Beginn des 7jährigen Krieges schien auch die
Asiatische Handlungskompagnie in Verfall zu geraten.
Die dabei am meisten interessierte Stadt Emden stellt
dem König vor: „Werde, wie in der Generalversammlung
beantragt sei, kein Schiff mehr gerüstet und die Kompagnie aufgelöst, so bedeutet dies den „totalen Unter-
gang dieses grossen Werkes und den Verfall unserer
Stadt".

Trotzdem stand die Kompagnie noch nicht schlecht;
es konnten nach Bezahlung der Schulden immerhin noch
8—10 Prozent verteilt werden, und verblieb auch noch
ein Fonds zur Ausrüstung eines Schiffes.

In Frankfurt a. M. war auch die Nachricht von
der Auflösung der Kompagnie verbreitet worden. Die
Frankfurter Interessenten erboten [28]) sich, die Aktien

---

[28]) Das Schreiben des Residenten Freytag aus Frankfurt
vom 18. Januar 1754 verdient, da es der Ausdruck des patriotischen Sinnes der Frankfurter Interessenten ist, hier noch besonders erwähnt zu werden: „Einige Mitglieder von der Emdischen Compagnie von hier haben mir zu erkennen gegeben,
sie hätten in Erfahrung gebracht, man wolle Massam teilen und

derer „denen die jetzige Umbstände zu gefährlich schienen, und daher ihr Kapital nebst Interess zurück verlangten," zu übernehmen.

Im Juni 1757 rückte der französische Feldherr Marquis Dauvet in Ostfriesland ein. Der Direktor Teegel war mit dem Kompagnieschiff „König von Preusen" und 9700 Thalern, die ihm von der Auricher Kriegs- und Domänenkammer anvertraut waren, nach Delfzyl gesegelt. Die „Burg von Emden" und der „Prinz von Preussen" wurden abgetakelt und blieben in Emden liegen. Ihre Equipagegüter wurden gleichfalls nach Delfzyl geschafft.

Der „Prinz Ferdinand", der im Februar in China abgesegelt war, wurde jeder Zeit zurückerwartet. Es war die Frage, wo sollte derselbe einlaufen. Während der Direktor Teegel in Delfzyl empfahl, das Schiff nach England zu bringen, waren die Berliner Direktoren Splittgerber und Schütze der Meinung, dasselbe in Altona einlaufen zu lassen. Bei diesen Umständen musste Zweifel entstehen, wem von den Direktoren denn eigentlich zu gehorchen sei. Teegel's Vorschlag, das Schiff nach England zu bringen, war noch der praktischste.

einem jedem seinen quotam behändigen, wie sie nun um die Aktien eben nicht aus blosser Interess sondern aus allerunterthänigster Devotion von Ew. Königl. Majestät und zu Ehren Deutschlands genommen, so wäre es ihnen höchst sensible, eine dergl. Resolution zu vernehmen, welches nichts anders nach sich ziehen könnte, als dass vornehmlich die Brabänter ihre Goldrente wieder nach Wien oder Paris placiren würden, sie offerierten sich anbey, dessfals deren Interessenten in Ew. Königl. Landen, vor welchen die jetzigen Umbstände zu gefährlich schienen, und deshalb ihr Kapital nebst interess zurückverlangten, solcher ihre actien zu übernehmen, worüber mir eine ostensible allergnäd. antwort diensam wäre". [R. 68 n. 16 J. 1. Vol. III. Ausw. Dep.].

Am 11. September 1757 lief „der Ferdinand" in Plymouth ein; Schiff und Waren wurden in England verkauft [29]). Nach Abschluss der Rechnung ergab sich ein Überschuss von 158600 Thalern [30]). Das Schlussergebnis nach der Liquidation von 1765 war, dass den Interessenten der Asiatischen Kompagnie ihr Einlagekapital auf die Aktie mit 500 Thalern nebst 2% Dividende für das Jahr gezahlt worden war [31]).

Im Jahre 1795 wandten sich die Erben der Firma Friedrich Wilhelm Schütze in Berlin an den König

---

[29]) In einem Briefe, Berlin am 25. Jan. 1758, an den König beschweren sich Splittgerber und Schütze, dass das Geld für das verkaufte Schiff in England bleiben sollte: auch führen sie Klagen gegen Teegel. „Der Teegel hat sich bei der ganzen Sache recht unwürdig und strafbar aufgeführt und nicht dahin gebracht werden können, dass die zu Emden liegenden Schiffe in Sicherheit geschaffet würden und folglich die Intention geäussert bey diesen Kriegszeiten von neuem ein Schiff auszurüsten und wahrscheinlicherweise den Feinden in die Hände zu liefern. Unverantwortlich würde es seyn, wann wir und alle Königl. Preuss. Unterthanen dahin gebracht werden sollten, über unser Geld in London zu prozessieren, dieses beträchtliche Kapital würde indessen dort müssig liegen ... Wir bitten alleruntertänigst die Ordre ergehen zu lassen, dass er bey schwerer Verantwortung ohnverzüglich verschaffen sollte, dass das Geld an uns nach Berlin übermacht werde und dort nicht zurückgehalten werde".

[30]) siehe Anhang Nr. 15.

[31]) In einem Briefe à Bath le 25 oct. 1763 führte eine Dame aus England bei dem Könige Klage über die Direktoren der Asiat. Kompagnie „quoiqu'ils n'ont jamais rendu aux intéressés que leur simple capital ils prétendent que le peu d'argent qui reste entre leurs mains, qui se monte qu'à 20 ou à 30 écus, serait perdu pour eux, si ils ne fournissent encore d'argent pour l'usage de la Compagnie." Sie verlangte die Restquote von je 20—30 Thaler auf ihre 7 Aktien. [R. 68 n. 16. J. 1 Just. Dep.].

Wilhelm II. [32]), indem sie vorstellten: In der Handlungskasse des Testators Schütze seien noch 6147 Thaler
19 Gr., aus dem Fonds der Asiatischen Handlungskompagnie herrührend, dieser Betrag sei jedenfalls das
Guthaben unbekannter Interessenten. Sie bäten, zu ver-
fügen, wohin das Geld abgeführt werden sollte. Auf
Königlichen Befehl wurde der Betrag dem Kammer-
gericht zugewiesen [33]).

## 7. Die Bengalische Handlungskompagnie zu Emden.

Nachdem kaum die Asiatische Handlungskompagnie
ins Leben getreten, erschien in Berlin der Engländer
Harris in der Absicht, eine Erweiterung des Unternehmens zu planen. Er wollte in Verbindung mit gedachter Kompagnie eine Handlung nach Bengalen unternehmen und verlangte nur die Übertragung einer Stelle
als Direktor. Er bediente sich als Vermittlers des Feld-
marschalls Keith. Harris wurde an den Königlichen Ver-
trauensmann Splittgerber gewiesen. Im Januar kam
er wieder nach Berlin mit den abenteuerlichsten Plänen.
Er hoffte durch die Ausführung seiner Projekte der Königlichen Kasse eine Einnahme von 10 Million Thalern zu-
zuweisen. Es gälte, den Grossmogul zu unterstützen,
um das Königreich Bengalen zu erobern. Die Sache wäre
leicht auszuführen, wenn sich der König mit dem Kaiser,
als Grossherzog von Toscana, verbinden wollte. In Bengalen

[32]) siehe Anhang Nr. 16.
[33]) siehe Anhang Nr. 17.

wären ungeheure Schätze. 1500—2000 Mann Truppen wären zur Eroberung erforderlich. Da die Sache dem Könige zu abenteuerlich schien, so wurde das Anerbieten des Harris abgelehnt.

Bald kam der Projektant wieder. Er bot der Asiatischen Kompagnie 100000 L. an. Einige seiner Freunde wollten sich in Emden niederlassen und den Handel nach Bengalen im Anschlusse an die Asiatische Kompagnie durch England führen. Würde die Kompagnie dies ablehnen, so wolle er den bengalischen Handel selbständig betreiben: Die Kompagnie gab ihre Zustimmung zum selbständigen Handel, behielt sich aber vor, je nach Bedürfnis und Wunsch mit dem Engländer sich zu associieren und an dem Handel nach Bengalen teilzunehmen. Da Harris dieser Ausgang nicht behagte, suchte er sich hinter den Gedanken zu verstecken, dass die englischen Gesetze verböten, an einem Handel im Ausland teilzunehmen.

Er gewann daher den ausgeschiedenen Direktor Dillon von der Asiatischen Kompagnie, und dieser legte einen Plan vor. Er verlangte das Privileg, unter des Königs Pavillon zu segeln, die übliche Freiheit bezüglich der Ein- und Ausgangszölle, Sicherstellung der fremden Gelder im Konkursfalle, besondere Erlaubnis zum ostindischen Handel mit Ausnahme Cantons auf 3 Jahre vom 1. Januar 1753 bis 30. Juli 1756. Das Bureau soll den Namen führen eines: „bureau de l'Amirauté de Prusse."

Dillon wollte sich mit seiner Familie nach Berlin begeben: er forderte nur das Patent eines Geheimen Kommerzienrats und als „inspecteur général de la Marine et de Commerce", sowie ein angemessenes Salär. Der König lehnte ab

1. weil er sich bei dem Handel keinen Vorteil verspreche;

2. weil die Oktrois, die Dillon proponiere, denjenigen der Emde'schen Kompagnie traversieren.

Harris operierte nun auf eigene Faust. Er forderte ein Privileg für den Handel nach ganz Asien, unbeschadet des Stuart'schen Oktrois nach Canton auf 21 Jahre. Der König wird chef und gouverneur.

Der König ist damit einverstanden; nur knüpft er an die Bewilligung einige Bedingungen.

Vor allem müssen Waren aus Königlichen Landen den Vorzug haben. Jeder Konkurrenzhandel ist untersagt. Die Rechte der asiatischen Kompagnie sind zu wahren. Die Beteiligung preussischer Unterthanen ist für den Anfang ausgeschlossen., wird für die Folge freigestellt Die Verwendung von Matrosen und Mariniers aller europäischen Nationen ist gestattet, soweit die Einstellung derselben nicht seitens eifersüchtiger Staaten Kontroverse hervorrufen. Auf die Annahme von 10—12 Mann preussischer Unterthanen in den Kompagniedienst wird bestanden. Als Rekognition wird für das auslaufende Schiff 5000 Thaler, für das einlaufende 10000 Thaler verlangt.

Das Recht der Asiatischen Kompagnie zu späterem Beitritt, die Zulassung fremder Matrosen, die Rekognition für den König wurden nicht in das Oktroi des Harris aufgenommen, sondern in eine *besondere* Resolution gebracht, um das geplante Unternehmen, beziehungsweise die neue bengalische Kompagnie bei den Zeichnern und dem Publikum nicht zu diskreditieren.

Am 21. Januar 1753 wurde Harris das Oktroi „pour la Compagnie Bengale" ausgefertigt. Die 26 Paragraphen desselben verbreiten sich über folgende Punkte:

Das Oktroi wird auf 20 Jahre bewilligt. Die Kompagnie verpflichtet sich, jährlich nach Gutdünken einige Fahrzeuge zur Betreibung des asiatischen Handels abzusenden. Die Wahl des Ausgangshafens wird freigestellt.

Der König verspricht der Gesellschaft seine „protection dans les cas où elle la réclamera et de la manière la plus efficace, qu'il sera possible." Die Aushebung von Schiffsmannschaften wird nur für Ostfriesland und Kleve gestattet. Die niedere Jurisdiction über die Untergebenen steht der Kompagnie frei. Für den Fall eines Krieges oder in sonstigen dringenden Umständen wird zugesichert, dass die Mannschaften nicht reklamiert werden. Die Waren passieren frei ein und aus. Die einheimische Industrie ist zu bevorzugen. Der Gebrauch nicht zünftiger Handwerker ist gestattet. Die Sicherstellung der Kapitalien im Kriegsfalle wird bewilligt. Der Abschluss von Verträgen mit ausländischen Mächten ist der Kompagnie erlaubt. Dieselbe schuldet der Generalversammlung Rechenschaft von der Geschäftsführung.

Seinem ursprünglichen Grundsatze entgegen erlaubte der König auf die Vorstellung des Projektanten Harris seinen Unterthanen, sich an dem Unternehmen beteiligen zu können.

Der Grosskaufmann Splittgerber in Berlin trat mit des Königs Bewilligung in die Direktion ein. Schliesslich war Harris auf die Beteiligung preussischer Unterthanen mehr angewiesen, als auf die Hilfe auswärtiger Kapitalisten, was den Intentionen des Königs keineswegs entsprach. Die Leitung des ganzen Unternehmens durch Harris, den unrichtigen Geist, schien den Kapitalisten doch zu gewagt. Sie bestimmten ihn im September 1753, das seiner Person bewilligte Oktroi an die Kompagnie

abzutreten. Er sollte nur erster Supercargo werden.
Falls er sich in Indien bewähre, solle er dorten die
Stelle eines Chefs der Kompagnie erhalten, zunächst nur
auf 5 Jahre.

Die jetzt allein massgebenden Direktoren fassten
einen neuen Plan. Es wurden 1—2 Schiffe nach Bengalen ausgerüstet. Nach der Rückkehr eines jeden
Schiffes sollte Schiff und Ladung verkauft, und der Er-
lös an die Aktionäre verteilt werden.

Die Handelskompagnie nach Bengalen ist eine freie
Genossenschaft ohne festes Grundkapital, die sich nach
Abwickelung des einmaligen Geschäfts wieder auflöst.
Formiert sich eine neue Kompagnie, so können die alten
Aktionäre wieder teilnehmen. Ein Schiff „le Hardwick"
wurde im Oktober 1753 in England von Antwerpener
Interessenten angekauft.

Der Projektant wusste es trotz seines zweifelhaften
Auftretens durchzusetzen, dass der König ihm Vollmacht
und Beglaubigungsschreiben [1]) als „Ambassadeur et
Ministre Plénipotentiaire auprès de l'Empereur de l'Indostan et les autres puissances Asiatiques" erteilt.

Der französische Hof wurde von der Einrichtung
benachrichtigt und um freundliche Aufnahme der Kompagnieschiffe ersucht. Der erbetene Schutz wurde durch
Lord Marishal zugesichert.

Die Forderungen des Engländers als Supercargo
waren so unverschämt, dass ihm Schickler in Berlin
einen Gewinn von 167000 Thalern bei einer Reise be-
rechnete. Als Harris dies nicht bewilligt wurde, drohte
er, das Kompagnieschiff „arretiren" zu lassen.

---

[1]) R. 68 n. 16 J. 2. Ausw. Dep. „Creditif und pleinpouvoir
vor den John Harris. um mit den Orientalischen Mächten zu
tractiren", iu lateinischer Sprache ausgestellt (siehe Anhang
Nr. 18 und 19).

Das energische Auftreten des Königs machte ihn klein. Splitgerber berichtete, dass Harris „wegen schwacher Leibes-Constitution", theils wegen Unvermögen sich zu equipiren nicht nach Bengalen reiset und einen Nahmens Young mit Genehmhaltung der Directeurs als ersten Super-Carga substituiret hat." [2]

Es war, als sollte ein Unstern über dem ganzen Unternehmen schweben. Das in England angekaufte Schiff „le Hardwick" sollte nach Ostende und von da nach Emden dirigiert werden. Das Fahrzeug war noch nicht aus der Themse gegangen, so wurde es am 10. Februar 1754 in Gravesend beschlagnahmt. Die Meldung von Ostende, das Schiff sei nach Bengalen bestimmt und die Bemannung des Fahrzeuges mit englischen Matrosen gaben hinreichend Grund zu dieser Massnahme.

Der Agent der bengalischen Kompagnie in London Blaquière schloss einen Vergleich mit der englischen Regierung ab, nach dem dieselbe das Schiff für die Kaufsumme und Ausrüstungskosten übernahm. Trotzdem hatte die Wegnahme des „Hardwick" der Kompagnie einen Schaden von fl. 111050. 1. 5. in Emden und von fl. 30.023. 17. 3. aus Ansprüchen der Supercargos, Offiziere und Maunschaften verursacht.[3] Splittgerber schlug vor, „damit die Engelländer nicht abermals Gelegenheit nähmen, die Schiffe unter dem Pretext, dass sie von keiner Königlich Preussisch Bengalischen Kompagnie

---

[2] Unter dem 4. Februar 1754 wird der Compagnie die Erlaubnis erteilt, in der Flagge das Königliche Wappen statt des schwarzen Adlers zu tragen (siehe Anhang Nr. 17). Am 26. Februar wird ein Empfehlungsschreiben „Au Nabab de Bengale" ausgefertigt (siehe Anhang Nr. 21).

[3] R. 68. n. 16 J. 2. Ausw. Dep. Schreiben der Direktoren der Bengal-Compagnie vom 25. November 1756, die Wegnahme des „Hardwick" betreffend (siehe Anhang Nr. 22).

etwas wissen, zu molestiren" eine diesbezügliche Note nach England und Holland zu richten.

Ein in Schweden angekauftes Schiff der „Prinz Heinrich von Preussen" lief im Dezember 1754 von Emden aus. Es ging direkt nach Bengalen und langte daselbst nach einer Fahrt von 72 Tagen an. Bei der Heimfahrt strandete es auf einer Sandbank an der Mündung des Ganges. Das Fahrzeug und ein Teil der Waren gingen zu Grunde. Der Kapitän Clinkaert starb in Indien. Der Supercargo Young floh nach England, Supercargo Broutaert nach den österreichischen Niederlanden, während der 3. Supercargo de Chanlay in Bengalen blieb, um zu retten, was an Waren und ausstehenden Geldern noch gerettet werden könnte. Auf diese Hiobspost hin beschloss die eingerufene Generalversammlung, je auf die Aktie einen Nachschuss von 200 Gulden Brabanter Wechselgeld zu leisten und ein 2. Schiff unter dem Namen „der König von Preussen" auszurüsten, um die zurückgebliebenen Waren und Effekten zu holen.

Neue Schwierigkeiten boten sich. Die französischen Assekuranzgesellschaften wollten die Versicherungssumme nicht zahlen unter dem Vorwande, das Schiff sei von seiner bestimmten Route abgewichen.

Chanlay wurde, als er mit dem zweiten Kompagnieschiff im Juni 1762 anlangte, nach Aurich in Haft gebracht.

Die ostfriesische Regierung fällte im Oktober 1764 das Urteil, nach dem Young, Chanlay, Broutaert, Clinkaert der „Baraterie" schuldig erklärt wurden, „Chanley wurde zu zwei Jahren Festungsarrest verurteilt, die Strafe der Anderen dagegen bis zur Arretirung ausgesetzt." Chanlay appellierte gegen das Urteil und bat um Erlass der Haft, unterstützt von seinem Rechtsbeistand,

der um Anrechnung der bereits verbüssten zweiundein-
halbjährigen Arreststrafe bat.

Der Kriminal-Senat in Berlin beurteilte den Fall
milder, bezüglich des Verhaltens von Chanlay. Sein
Gutachten ging dahin, „dass der Inculpatus Thierion de
Chanlay wegen Mangel hinreichenden Verdachts ab
instantia zu absolviren, mithin der Aurich'schen Regierung
Urteil dahin abzuändern . . ." Der König schloss sich
diesem Gnadengesuch nicht an, sondern erklärte, „dass
auf ein Begnadigungsgesuch um so weniger reflektiert
werden könne, als dessen (Chanlay's) Untreue zu gross
sei, und alle ferneren Handlungs-Compagnien von dieser
Arth aufgegeben werden müssten, wenn sein Exempel
einige Hoffnung übrig liesse, dass dergleichen strafbare
Handlungen ungestraft bleiben könnten."

Ein Urteil der Direktoren gegen die Supercargos
sprach der Kompagnie eine Forderung von Kapital und
Zinsen im Betrag von 1 873 319 Gulden in „Brabantisch
Wechselgeld" zu. Die Beitreibung der von Young zu
leistenden Entschädigung veranlasste im Ausland, wo
dieser noch Ausstände hatte, viel Schwierigkeiten.
Broutaert klagte gegen die Kompagnie mit einer Forderung
von 33 000 Gulden 13 Stücker 3 Pfennig.

In welcher Weise die Aktionäre der bengalischen
Kompagnie entschädigt worden sind, lässt sich nicht
feststellen. Chanlay wurde nach Ablauf seiner Straf-
zeit am 1. Dezember 1766 weiter in Haft gehalten
und noch 1769 vom französischen Hof reklamiert, um
an das Parlament von Rennes, wo der Prozess wegen
der Assekuranzsumme schwebte, ausgeliefert zu werden. [4] —

---

[4] R. 68. n. 16. J. 2. Ausw. Dep. Schreiben an das Justiz-
Departement, die Auslieferung des Chanlay nach Rennes betr.
vom 3. November 1769 (siehe Anhang Nr. 23).

# 8. Verschiedene Projekte zur Wiederbelebung des Handels nach 1762.

a) Der Kolonialplan des Regierungs-Präsidenten
von Derschau.

Am 7. Dezember 1762¹) reichte der Regierungs-
Präsident von Derschau zu Aurich dem Geheimen
Kabinettsminister von Finkenstein ein Schreiben ein,
die Errichtung einer Afrikanischen Kompagnie betreffend,
unter Vorlegung eines ausführlichen Planes. Derselbe
berührt „einige zum ersten mal gemachten Reflectionen
über die Nutzbarkeit für sämtliche preussische Lande
eines auf der Küste von Afrika anzulegenden Etablissements nicht blos allein, um daselbst wie andere Nationen
Handel zu treiben, sondern auch und hauptsächlich in
der Absicht, daselbst durch die Kultur diejenigen producten zu erzeugen, welche vorjetzo mit weit grössern
Unkosten aus Ostindien hergehohlet werden müssen."
Derschau hält den gegenwärtigen Zeitpunkt wegen
der schwebenden „Friedensnegocationen" besonders geeignet. Der bevorstehende General-Friede würde die
nötigen Truppen zu solchen Expeditionen liefern. Infolge der Kriegsdrangsale gäbe es jetzt allerhand Vaga-
bunden; die könnte man leicht als Kolonisten und
Arbeiter für die Anlage von Plantagen benutzen. Wenn
auch das Ganze als der Traum eines Gelehrten in der
Studierstube angesehen werde, so könne er versichern,
auch von praktischen Gesichtspunkten geleitet zu sein,

---

¹) R. 68. u. 16. J. 1. Vol. III. Ausw. Dep. (siehe Anhang
Nr. 26).

da er sich doch einige Kenntnisse auf diesem Gebiete
durch Reisen erworben habe.

Verfasser glaubt [2]), wenn auch die vorteilhaftesten
Handlungsplätze in allen 3 Weltteilen schon anderwärts
occupiert seien, dennoch, dass es noch Mittel gäbe, „den
sothanen Handel für die preussischen Unterthanen in
Flor zu bringen" und den Seemächten die Vorteile ab-
zugewinnen. Die indischen Handelsprodukte, wie Kaffee,
Baumwolle, Seide, Thee, Gewürze, Spezereien könnten
auch an anderen Orten kultiviert werden, vorausgesetzt,
dass die klimatischen Verhältnisse geeignet wären.

Das Klima am Äquator halte er zu diesem Zwecke
für das geeignetste. In den Gegenden des Äquators
auf dem Erdteil Afrika, der von den Europäern etwas
vernachlässigt werde, könne man Kolonien errichten, um
dort die indischen Handelsprodukte zu bauen. Auch
wären diese Gegenden schon wegen der Nähe Europas —
da die Reise dahin nur 2 Monate erfordere — Indien
vorzuziehen. Bisher wurden die Küsten von Afrika von
Europäern nur besucht, um Negersklaven zu holen; aber
an die Gründung von Plantagen habe noch keiner ge-
dacht. Etwas Ähnliches hätten an den Küsten von
Afrika in dem Königreich Congo und Angela die Portugiesen ins Werk gesetzt. Bis jetzt sei man in das
Innere von Afrika noch gar nicht gedrungen, und es
wären dortselbst doch Schätze von Gold und Silber und
alle Arten von Edelsteinen reichlich vorhanden. Sei
erst ein solides Etablissement in Afrika errichtet, so
könnte man auch dieses verfolgen.

Als besonders geeignete Gegend sei das Ende
der Goldküste, wo sich die afrikanischen Königreiche
Benin, Calabas, Biafara, Bandi, Doni, die Cameronen u. s. w.

---

[2]) Näheres in der Anlage zum Schreiben vom 7. Dez. 1762.

befänden, ein Gebiet von mehr als 100 Deutschen
Meilen. Es landeten dort selten Schiffe, die nur ohne
Handlungskontrakte mit den afrikanischen Königen von
den Eingeborenen am Ufer Sklaven für geringen Wert
erkauften.

Die Einwohner in Benin seien höflich und gesittet,
aber kriegsunerfahren und furchtsam. Die Bevölkerung
Afrikas sei weichlich und arm an den Bedürfnissen, die
zu einem bequemen Leben gehörten, also durch Klug-
heit zu gewinnen. Die Uneinigkeit unter ihren verschiedenen Königen gäbe leicht die Mittel in die Hand,
um sich bei ihnen „formidabel" zu machen.

Vorbilder seien in dieser Beziehung Engländer,
Spanier, Portugiesen, die mit geringer Macht ihre Besitzungen in Amerika und Asien gegründet, auch die
Holländer, die bei dem Kap „de bonne espérance" für
80000 Gulden mehr Land zu ihren Kolonien angekauft
hätten, als das gesamte niederländische Gebiet ausmache.

„Durch eine gute Einrichtung und Polisirung der
Eingebohrenen" liesse sich das Etablissement „auf einen
so formidablen Fuss" setzen, dass es sich zu Kriegszeiten
mit europäischen Mächten selbst verteidigen könnte.
Die Eingeborenen, die sklavisch regiert würden, seien
leicht zu gewinnen und würden auch auf die Seite der
europäischen Kolonisten treten, falls ihnen nur die
nötigen Vorteile und Versprechungen in Aussicht gestellt würden."

In dem benachbarten Gebiete von Guinea gäbe es
Goldbergwerke. An Reis, Hornvieh, Fischen, Wachs,
rotem Färbeholz, Indigo, Gummi, Elfenbein, Baumwolle
sei Überfluss. Es wären auch verschiedene Baumwollen-
fabriken anzulegen. Auch der Seidenbau würde gut
geraten und vorteilhaft getrieben werden können. Wilde
Zimt- und Zuckerrohre fänden sich dort; auch der

Pfefferstrauch gedeihe gut. Der Tabak sei mit Vorteil
dort zu pflanzen, „welches auch vom Weinstock pre-
sumiret werden kan, von Citronen, Pomeranzen und
Datteln zu schweigen". Durch den Sklavenhandel seien
leicht Plantagenarbeiter zu bekommen.

Nach der Verfassung der preussischen Lande könne
aber ein solches Unternehmen nicht von Privaten
oder durch Handelskompagnien ausgeführet werden,
sondern es bedürfe der kräftigsten Unterstützung
seitens Seiner Majestät. 1500 Mann Truppen seien
nötig und müssten tüchtig ausgerüstet, mit Kanonen und
Gewehren versehen werden; auch seien dieselben für
den Anfang mit Geld zu unterstützen. Der König erhalte die Landeshoheit über die „acquirirten" Länder,
und dadurch könnten die Kosten gedeckt werden. Der
König habe den Gouverneur des Landes zu bestätigen,
Festungen anzulegen, Domänengüter zu fundieren, die
Justiz zu üben. Die Regalien und Steuern aus den
Kolonien würden hinreichen, Besoldungen und Ausgaben
zu decken. Daneben könnten noch neue Handelsgesellschaften errichtet werden. Sämtliche Königliche Unterthanen sollten an der neuen Pflanzstätte teilnehmen.
Daher seien in den einzelnen Provinzen der preussischen
Monarchie „Societäten" zu bilden, die ihre eignen
Direktoren und Inspektoren in Afrika zu unterhalten
hätten. Diese hätten die nötigen Kolonisten anzuwerben
und zu transportieren. Jede dieser Provinzial-Societäten
müssten wenigstens ein Schiff ausrüsten und beständig
unterhalten. Die Schiffe müssten jährlich zweimal die
Hin- und Herreise ausführen.

Jedem Privaten würde es ausserdem freistehen,
sich auf seine Kosten alldort zu etablieren, um Plantagen
und Manufakturen anzulegen, zu welchem Zwecke Frei-
jahre zu gewähren seien.

Sollten die Provinzial-Societäten nicht zustande
kommen, dann würden wohl hamburgische, lübeckische
und bremische Kaufleute Projekte entrieren Der Vorteil von einem solchen Unternehmen wäre, „dass der
Geist der Handlung in alle Königlichen Provintzien
mehr und mehr aufleben, und viele hundert Personen
würden dabey Verdienst und Unterhalt finden."

Die inländischen Manufakturen würden durch die
Exportation der Waren an Wert steigen. Landeskinder,
die in den Kolonien reich geworden, würden in ihr
Vaterland zurückkehren und sich daselbst mit ihren
Reichtümern niederlassen. Die Erbschaften reicher
Kolonisten würden den europäischen Verwandten zu-
fallen, und der Staat würde dadurch bemittelte Einwohner erhalten. In Summa: „es würde dieses ein
erster Schritt in der Seehandlung seyn, welcher vor
künfftige Zeiten noch manche andere wie jetzo noch
nicht ersichtliche Stuffen an Flor und Aufnehmen nach
sich ziehen könte".

Auf diese wohlgemeinten Vorschläge Derschau's
antwortete der Minister Finkenstein aus Leipzig am
24. Dezember 1762, dass er diese Schrift nicht allein
„ungemein wohl abgefasset, sondern auch die darin enthaltenen Vorschläge sehr nützlich und vorteilhaft" fände;
doch scheine ihm die Ausführung zu schwierig; die
Hindernisse würden dem Verfasser nicht so in die Augen
leuchten. Einer der hinderndsten Umstände bestehe in
„denen Vergleichen, welche mit der Republic Holland
bey der an sie geschehenen Verkauffung deren Etablissements, welche das Königliche Chur Hauss ehemals
auf denen Küsten von Africa gehabt, geschlossen worden".
Die Schrift lege Proben von einer „patriotischen ein-
sichtsvollen Gesinnung" ab, so dass man dem Verfasser
bei Gelegenheit ein „merite" davon machen werde.

Damit war die Sache ad acta gelegt, und Derschaus
Plan fand weiter keine Beachtung.

b. Das Oktroi des J. Gottfried Teegel.

Bald nach dem 7 jährigen Krieg liess der König an
den Rat Ursinus im General-Direktorium die Weisung
ergehen, neue Unternehmer zur Einrichtung überseeischer
Handelsfahrten zu suchen. Ursinus konnte den Kommerzienrat Teegel empfehlen. Die „Conditiones" des
Unternehmers fanden den königlichen Beifall; nur
wurden im besonderen noch folgende Punkte berührt:[3]

1) Dass Tegel vor das erste Schiff bey dessen
glücklichen retour 1000 Stück alte Friedrichsd'or und
vor jedem hiernächst ankommenden Schiffe 15 Mille Thlr. in
altem Golde pro recognitione zu entrichten habe" ohne
Rücksicht, ob dasselbe Vorteil oder Schaden gehabt habe.

2) Wird accordiert, „dass die in Emden wohnenden
Direkteurs und Partizipanten auch Secretarii der Compagnie, insofern sie keine andren Gewerbe noch Particulier Handel treiben, von allen bürgerlichen Lasten und
Abgaben an die Stadt Emden befreyet seyn mögen,
jedennoch die accise darin ausgenommen.

3) Wird dem Teegel das Prädikat als Geh. Kommerzienrat verliehen."

Das Oktroi[4] vom 21. April 1764 enthält folgende
wichtige Bestimmungen:

1) Der Handelsbrief wird auf 20 Jahre bewilligt.

2) Die neue Handelskompagnie darf so viel Schiffe,
als es der Nutzen erfordert, nach China und allen Teilen
von Indien jenseits des Kaps der guten Hoffnung ent-

---

[3] R. 68. n. 16 J. 1, Vol. III. Ausw. Dep. (siehe Anh. Nr. 24).
[4] R. 68. n. 16. J. 1. Vol. III. Ausw. Dep. „Seiner Königl.
Majestaet in Preussen allergnädigst erneuerte Octroy über die
zu Emden retablirte Asiat. Handlungs-Compagnie." (Siehe
Anh. Nr. 25.)

senden und da, wo es andern Nationen erlaubt ist, Handel treiben.

3) Innerhalb dieser 20 Jahre soll niemand anders mit einem Oktroi „gratificiert" werden.

4) Der Kompagnie wird der Königliche Schutz zugesichert.

5) Wird Freiheit in der innern Verfassung, Einrichtung und Verwaltung zugestanden.

6) Wird dem Teegel auferlegt, nicht gelehrte, sondern „rechtschaffene und des Commercii vollkommen kundige Direktoren, die in- und ausserhalb Landes überall in guter Reputation, Credit und Ansehen stehen," hierzu zu erwählen und darauf zu achten, dass jeder Direktor mit aller Treue, Fleiss und Redlichkeit der Kompagnie diene; auch dem Unternehmer das Recht bewilligt, sich selbst so viel Direktoren und Haupt-Partizipanten als nötig seien, zu erwählen. Die Direktoren müssen 20, die Haupt-Partizipanten 10 Aktien nehmen. Durch Eid haben sie sich zu verpflichten, die Instruktionen der Generalversammlung zu halten und Verschwiegenheit zu beobachten.

7) Zwei Direktoren sollen in Emden ihr Domizil haben oder wenigstens bei Ausrüstung und Rückkehr der Schiffe sich allda aufhalten. Das Haupt-Komtoir soll in Emden sein.

Geheimnisse der Geschäfte sind zu wahren, Zuwiderhandelnde sind zu entfernen. Bei Beschlussfassung müssen 3 bis 4 Direktoren anwesend sein und in ihrer Meinung übereinstimmen. Alle 2—3 Jahre haben die Geschäftsleiter der Generalversammlung Rechenschaft abzulegen. Den Direktoren und Beamten ist der Particularhandel verboten.

8) Die Bediensteten der Kompagnie haben den Direktoren Gehorsam zu leisten und deren Befehle ohne

Widerrede auszuführen, wozu sie sich durch Eid verpflichten.

Ist jemand „auf Ehre und Leben" angeklagt und
eingezogen, so „müssen die Directeurs den Criminal-
Prozess gehörig instruiren lassen, und wenn Acta geschlossen und die Sentenz gefället, solche zu Sr. Königl.
Maj. Allerhöchsten Confirmation eingesandt werden".

9) Streitigkeiten über Handelsangelegenheiten sind
kurzer Hand abzuthun, „ohne dass von deren Ausspruch
einige Remedia iuris an die Landes-Regierung, oder
sonsten Statt finden solle."

10) Direktoren und Bediente können nur von der
Kompagnie belangt werden. Ihre Person und Güter
dürfen nicht mit Arrest belegt werden.

11) Die „Enrollirung" ist nur in Ostfriesland gestattet.

12) Desserteure sind zu arretieren und zum Gehorsam
zu bringen, ohne dass für etwaige Assistenz der Gerichtsbarkeit des Orts besondere Gebühren zu entrichten
sind.

13) Kein Offizier, Matrose oder Soldat, der im
Dienst der Kompagnie steht, soll für den Militärdienst
herangezogen werden.

14) Schiffe, Artillerie „Ammunition", Waren-Magazine,
Häuser und Packhäuser dürfen weder im Frieden noch
Kriege vom Könige in Anspruch genommen werden.

15) Wird der Gebrauch des Königlichen Wappens
und Siegels gestattet.

16) Bei Verträgen mit auswärtigen Mächten soll die
Kompagnie mit eingeschlossen sein.

17) Die Kompagnie kann mit auswärtigen Mächten
Handelsverträge schliessen, jedoch nur auf eigene Kosten,
Risiko und Gefahr.

18) Transitwaren gehen frei.

19) Verbotene Waren dürfen nicht eingeführt werden.

20) Der Zoll für auswärtige Waren als Thee, Kaffee, Drogerien, Porzellan, soll bei der Einfuhr in die königlichen Lande möglichst verringert werden.

21) Der Ankauf der zur Armierung der Schiffe nötigen Waffenstücke kann im In- und Ausland geschehen und unterliegt keinerlei Abgaben.

22) Soll der Kompagnie ein „convenables" Magazin und sonstige erforderliche Plätze zur Errichtung von Packhäusern unter billigen Bedingungen angewiesen werden.

23) Die Verwendung nichtzünftiger Handwerker ist gestattet.

24) Jedem Unterthan ist erlaubt, an der Subskription sich zu beteiligen.

25) Jährlich soll die Dividende festgesetzt werden und dabei beachtet werden, dass die Haupt-Partizipanten vor denen, die nur wenig Aktien besitzen, nichts voraus haben.

26) Als Rekognition erhält S. M. für das erste Schiff, das glücklich aus China in den Hafen von Emden einläuft, 1000 Stück alte Friedrichsd'or; hiernächst hat jedes Schiff von der folgenden Fahrt 15000 Thaler in altem Golde zu entrichten.

Die neu geplante Asiatische Handelsgesellschaft trat nicht in Thätigkeit, warum, ist nicht recht ersichtlich. Am König kann es nicht gelegen haben, zumal derselbe bald darauf auf französische Pläne einging. Jedenfalls hat Teegel nicht die nötige Anzahl von Teilnehmern gefunden.

c) Französische Projektanten.

Kaum waren die Verhandlungen mit Teegel abgebrochen worden, ohne zu einem bestimmten Ergebnis geführt zu haben, so fand sich der König wieder bereit, dem Franzosen François Lazare Roubaud aus Marseille

ein Oktroi zum Handel nach allen freien Plätzen Ost-
indiens, insbesondere nach China und Bengalen zu verleihen. Der Handelsbrief wird auf 20 Jahre, vom
1. Januar 1766 ab, ausgedehnt.

Eingangs des 26 Artikel umfassenden Oktrois be-
klagt der König, dass es ihm der Krieg, trotz grösster Sorg-
falt, unmöglich gemacht hätte, die Asiatische und Bengalische Handelsgesellschaft so zu unterstützen, wie er
es gerne gewünscht hätte. Nun, nach dem Frieden,
sei seine Sorge dahin gerichtet, „pour remetre en valeur
cette branche essentielle de Notre Commerce." Bis jetzt
hätten seine Bemühungen noch nicht den gewünschten
Erfolg gehabt, so dass er nun gerne Veranlassung nähme,
nachdem der Vorschlag des Sieur François Lazare
Roubaud seinen Absichten und auch den Interessen
seiner Unterthanen entspräche, demselben einen Exklusivhandel nach Ostindien zu gestatten. Wir heben einige
abweichende Punkte von den früheren Oktrois hervor:
Die ankommenden Waren geniessen Abgabenfreiheit;
nur sind für das Privileg 3 %/0 des Einkaufswertes zu
entrichten. Bei Differenzen zwischen den Direktoren
und der Kompagnie verspricht der König, Kommissäre
zur Beilegung der schwebenden Angelegenheiten zu ernennen. Es ist ein Kapital von einer Million livres de
banque in 4000 Aktien à 250 Livres vorgesehen. Die
gezeichnete Summe wird in vier gleichen Raten von je
2, bezw. 4 Monaten gezahlt. Erst nach Vollzahlung
erhält der Zeichner seine Aktie.

Zum Präsidenten der Handelskompagnie wird Graf
v. Redern ernannt, der als solcher mindestens 50 Aktien
übernehmen muss. Die Direktoren werden in der
Generalversammlung gewählt. Diese müssen sich mit je
40 Aktien an dem Unternehmen beteiligen. Sechs
Monate nach Rückkehr des 1. Schiffes findet die Divi-

dendenverteilung statt. Roubaud wird „commissionnaire général de la compagnie, pour toutes les branches mentionnées .. qui se trouveront être du ressort du port de Marseille". Die Kompagnie erhält alle Vorteile, die seiner Zeit Teegel zugesichert wurden, ja noch mehr: „Nous nous réservons aussi de lui accorder des grâces nouvelles à fur et à mesure de l'accroissement de son commerce et de contribuer en toute occasion à sa prospérité et à son soutien".

Das Oktroi des Roubaud blieb nur auf dem Papier. Auch diesmal, wie schon gar oft, stellte es sich heraus, dass der Oktroiinhaber eine zweifelhafte Persönlichkeit war, der in Marseille als Mäkler Bankerott gemacht und sich später in Paris wegen unlauterer Geschäftsführung als Assekuranz-Mäkler unmöglich gemacht hatte.[5])

Um die Sache nicht fallen zu lassen, nahm sie v. Redern in die Hand. Er wandte sich im Juli 1766 an das Ostfriesische landwirtschaftliche Administrationskollegium, um von ihm den Vorschuss von 625 000 Thalern zu erlangen, welches Ansinnen abgelehnt wurde. Die Auflegung von Zeichnungslisten in Emden und Hamburg hatten auch nur wenig Erfolg: 80 000 Thaler waren zumeist von Hamburger Kaufleuten gezeichnet[6]) worden unter der Bedingung, dass es erlaubt sei, statt baren

---

[5]) Hamburger Kaufleute berichten: „cet homme a fait banqueroute comme courtier à Marseille, et qu'ayant fait ensuite ce même metier de courtier d'assurance à Paris il s'en est évadé après une faillite la plus grave, par la dissipation frauduleuse des polices, qui lui étaient confiées".

[6]) Die einzelnen Hamburger Zeichner sind: Süür 1000 Thlr., H Budde noïë 1000 Thlr., T. L. Budde 1000 Thlr., alles in Stadt- und Landschafts-Obligationen, A Koenig 1000 Thlr. teils in Obligationen auf die Landschaft, teils bar. A. Koenig in Vollmacht 1000 Thlr. in Staatsanl., J. Duyss 250 Thlr.,

Geldes landwirtschaftliche Obligationen einzubringen.
Am Schlusse der unter dem 5. November 1766 dem
König vorgelegten Subskriptionsliste spricht v. Redern
aus, das nötige Betriebskapital wohl zu erhalten, da ihm
gegenüber die Interessenten der vormaligen Bengalischen
Compagnie, sowohl die einheimischen zu Berlin als auch
die Brabanter erklärt hätten, ihre Fonds, die sie von
den Assekuranznehmern und der Liquidationssumme
noch zu erhalten hätten, für die neue Ostindische Compagnie zu verwenden. Die Fonds betrügen: 1873359
florins 4 Stbr. 10 Cons argent de change. Aber trotz
dieser Aussicht sah der König sich doch nicht veranlasst,
weiter mit Redern zu verhandeln.

Am 30. April 1767 berichtete der Departement-
minister Horst aus dem Generaldirektorium, es habe ihm
ein Graf de Barberin aus Paris ein Mémoire[7]) vorgelegt.
Dieser beabsichtige, mit Hilfe zweier Nanter Häuser
zwei Schiffe nach China zu entsenden. Die Schiffe
sollten die preussische Flagge tragen, und der König
möge ihnen seinen Schutz gewähren. S. M. habe eine
Kontrollperson zur Mitfahrt zu ernennen.

Auf Königlichen Befehl verhandelte Horst mit
Barberin. Der Minister berichtete am 6. Mai: Er habe
mit dem Grafen Barberin Rücksprache genommen, um
S. M. allergnädigste Intention möglichst zu erreichen.

---

T. Marcellins eintausend Thlr. in Stadt- u. Landsch. Obl. nebst
ein Theil bar, De Courbière 1000 Thlr., J. G. Teegel 10000 Thlr.,
C. Wenckebach 500 Thlr., Benoit 500 Thlr., Zijden 1500 Thlr.,
J. Y. Baumann: Dusend Ricks Dalers, Schertling 500 Thlr. i. Obl.,
de Pottere 500 Thlr., J. Kalin 1000 Thlr., G. Kessling 500 Thlr.,
Zur Mühlen 1000 Thlr., Mergenbrecher 250 Thlr., Couring
5000 Thlr., Fix 1000 Thlr., Janson 750 Thlr., Harzenstée &
V. Santer 5000 Thlr., O. v. Reden 1000 Thlr., J. D. Benoit
2000 Thlr., 7000 in Vollmacht.

7) R. 96, 423 II. Kabinettsakten. (siehe Anh. Nr. 27).

Es würde also von S. M. „Wohlgefallen dependiren, die beykommenden Stücke (Vertrag) Allergnädigst zu vollziehen, damit sogleich an die Interessenten noch heute geschrieben und die Ausfertigung des Oktrois bewirkt werden könne, wobei alle Nöthige Vorsicht zu gebrauchen stehet, damit dieses niemals anders als eine blosse Einländische Compagnie anzusehen stehet." Wenn die Sache auch so „gedreht" wurde, dass das beabsichtigte Unternehmen das Ansehen einer Königlich-Preussischen Handlungs-Compagnie gewann, so war in Wirklichkeit doch nur die Absicht, eine französische Kompagnie unter preussischer Flagge ins Leben zu rufen.

Am 28. September 1767 konnte Barberin aus Paris schreiben, er habe die nötigen Interessenten bereits gewonnen. Auch habe er eine Konferenz mit dem Minister des Auswärtigen, dem Herzog von Choiseul gehabt, dass er ihm gestatte, den von S. M. verliehenen Titel eines „chef de chambellan" in Frankreich zu tragen. Als er dem Minister von der beabsichtigten Handlungskompagnie sprach, habe er geäussert, „que le mauvais succès des premiers armements faits dans les états de S. M. pour les Indes lui faisait regarder cette entreprise comme impracticable".

Hatte schon durch diese Äusserungen des Ministers Barberin die Lust an der Sache verloren, so konnte man noch weniger die Ausführung seines Planes erhoffen, seitdem bekannt wurde, er habe sich durch eine Hofintrigue die Feindschaft des Hofes und des Ministeriums zugezogen. Obschon der Geheimrat de Lattre von Kleve, nach Paris gesandt wurde, um die Angelegenheit dort zu betreiben, am 17. Februar 1768 melden konnte, er habe die „nötigen Entrepreneurs" gefunden, die in demselben Jahre noch 2 Schiffe absenden wollten, so wurde

doch vermutlich durch Choiseul's Einfluss nichts aus dem
französischen Exklusivhandel.

Aber alle Misserfolge konnten den König nicht be-
irren, seine Handelspläne durchzuführen. Horst berichtete am 5. April 1768, er habe alle möglichen Versuche gemacht, um zu der ostindischen Handlung tüchtige
Entrepreneurs zu finden. Er glaube, dass sich noch am
ehesten die Holländer dazu einliessen, man müsse ihnen
nur die ganze Sache von dem Gesichtspunkte „einer
gnädigen und freundschaftlichen Gesinnung, so Ew.
Königl. Majestät anjetzo für die Republic hegen", zeigen.
S. M. möge erlauben, dass Horst mit dem holländischen
Gesandten darüber verhandele und sondiere, „da Er
und seine Principale über die Unterhandlung in Frankreich bereiths einige Unruhe geschöpft hätten."

Einige Tage darauf schlägt Horst dem Könige vor,
es gäbe zwei Wege, des Königs Willensmeinung zur
Ausführung zu bringen:

1) Verschiedene Interessenten zu suchen und daraus
eine Compagnie zu formieren. Dies könne in Brüssel,
Gent und Antwerpen versucht werden. Es sei aber
mit der Ausführung viel Langsamkeit verknüpft.

2) Der sicherste Weg sei der, den S. M. zuerst mit
Frankreich zu versuchen befohlen hätten.

Es bleibe gewiss, dass eine jede europäische Nation,
die eine eingerichtete Handlung in Ostindien habe, ihren
eigenen Vorteil dabei fände, wenn sie in „S. M. vues
entrire, und in hiesigen Landen eine Schiffs-Ausrüstung
und Handlung etablire, wodurch sie die Gelegenheit
erhalte, exclusive Thée, Specereyen und andere unent-
behrliche Waren zu debitiren."

Da die Franzosen die bekannte Schwierigkeit
machten, so habe er geglaubt, die Holländisch-Ostindische
Compagnie würde diese Gelegenheit sehr gern ergreifen,

wenn sie ihr von der rechten Seite und selbst durch
den Gesandten gezeigt werde. Der Königliche Gesandte
in Holland könne den Antrag nicht so gut stellen wie
der betreffende Gesandte in Berlin; denn dieser mache
sich gleichsam ein Verdienst daraus, „eine so gute Gelegenheit, für die Holländische Ostindische Compagnie
anzuzeigen, welche sonst einer andern Nation zu Theil
werden würde." Der König machte zu der Vorstellung
seines Ministers die Randbemerkung: „Ist ein thun,
wie Wir zu Stande bringen wenn es nur geschieht
einerley mit welche Nation".

Im April 1769 machte ein Chevalier de Poncet de
la Rivière einen Vorschlag, in Paris eine Handelsgesellschaft zu gründen, die beabsichtige, „l'exploitation
et la conquête des mines des Bambuc, situées en Afrique, dans l'intérieur des terres vis à vis du cap verd
environ à la distance de 50 milles d'Allemagne".

Horst, der mit der Prüfung des Projekts betraut
war, berichtete[8] dem Könige, der Plan des Chevalier
Poncet gehe dahin, von Frankreich die Abtretung der
beiden in Afrika gelegenen Kaps Manuel und Bernard
zu erlangen, dort Komptoire einzurichten und von da
mit 40—50 Leuten die Ausbeute der Minen von Bambuc
zu betreiben. Die Abtretung mache keine Schwierigkeit.
Auch die Engländer würden es wohl nicht wagen, dem
Unternehmen Hindernisse in den Weg zu legen; denn
„S. M. paraîsait la seule puissance en Europe qui put
contenir les Anglais en s'emparant de l'électorat d'Han-
novre".

Dieses Projekt schien Horst doch zu abenteuerlich,
so dass er es nicht verantworten konnte, es dem Könige
zu empfehlen. Er schlug vor, dem Chevalier de Poncet

[8] R. 96. 423 H. Kabinettsakten.

zu antworten, „que S. M., en souhaitant toujours d'augmenter le bien être de ses sujets par le moyen de commerce, ne manquerait point, de donner toutes les facilités
désirables à une Compagnie qui proposerait des entreprises faisables, pour lesquelles Elle indiquerait des fonds
et des sûretés convenables, mais depuis quelque temps,
un nombre d'entreprises qu'on a proposées ayant échoué,
faute d'aucune suite réelle, il n'y auroit pas moien, de
compromettre la Signature Royale, pour des tentatives
infructueuses et hazardées sans apparence de réussite."

In diesem Sinne wurde der Abenteurer beschieden.

Bis in die letzten Jahre seiner Regierung lassen
sich die Bemühungen des Königs Friedrichs II für die
Pflege des überseeischen Verkehrs verfolgen. Dem Präsidenten der Ostfriesischen Kammer, Peter Colomb, wurden
wiederholt die Absichten des Königs über die Wiederherstellung der Asiatischen Handelscompagnie nahe gelegt; doch hatten die Bemühungen der Verwaltungsbe-
amten nicht den gewünschten Erfolg. Die Einheimischen
hielten zurück, sich an einem neuen Unternehmen zu
beteiligen, und die Ausländer zeigten gleichfalls dazu
wenig Lust, nachdem die Inländer eine gewisse Zurück-
haltung beobachtet hatten. Auch öffentliche Aufforde-
rungen, in denen an den Patriotismus appelliert wurde,
führten nicht zum Ziel.

Im Jahre 1781 fand sich wohl ein Unternehmer
Kapitän Johann von Ostveen, der in Verbindung mit
mehreren Emdener Kaufleuten nach Ostindien und China
einige Handelsfahrten ausführte. Aber von einer ordentlichen Handelscompagnie konnte hier nicht mehr die
Rede sein: es ist eine freie Vereinigung, wohl auf Aktien
gegründet, aber ohne feststehendes Grundkapital. Mit
der Abrechnung nach Rückkehr eines Schiffes löst sich
die Vereinigung auf. Es sind dies die letzten Ausläufer

der so sehr gepflegten friedericianischen überseeischen
Handelsbestrebungen, die sich uns als eine fortgesetzte
Kette zuweilen wohl unausführbarer, aber doch meistens
wohlgemeinter und recht brauchbarer Projekte und Kund-
gebungen zur Belebung des einheimischen und auswärtigen
Handels darstellten.

## 9. Schlusswort.

Dass die überseeischen Handelsbestrebungen Friedrichs des Grossen nicht den anfänglich erhofften Erfolg
hatten, lag zunächst darin, dass die Vorschläge zu den
Unternehmungen meist von abenteuerlichen Persönlich-
keiten ausgingen. Vielleicht war es auch der Umstand,
dass der König, nachdem er einmal schlechte Erfahrungen
gemacht, zu vorsichtig wurde und keinen Wagemut mehr
hatte. Dass man bei überseeischen Unternehmungen
Vorsicht übte, lag in den damaligen Verhältnissen selbst.
Die Ausrüstung eines Schiffes verursachte ganz bedeutende
Kosten. Das Betriebskapital musste auf dem Wege der
Subskription, und zwar sehr oft nur vom Auslande aufgebracht werden, da die Inländer nur über schwache
Mittel verfügten. Für die immerhin gewagte Unternehmung waren auch nicht so leicht Kapitalisten zu gewinnen. Die Auswahl einer geeigneten Schiffsbemannung
in Bezug auf Zuverlässigkeit und Erfahrung erforderte
eine gewisse Umsicht. Der Ankauf der Waren, der
Tauschhandel, der Verkauf der mitgebrachten überseeischen Handelsartikel musste vorteilhaft geleitet werden.
Die Reise war gefahrvoll und langwierig; mindestens

ein Jahr verging zur Hin- und Herreise; dazu war die
Fahrt vom Winde abhängig.

Trotz all' dieser Schwierigkeiten hing der König
mit Leib und Seele an seinen überseeischen Plänen. Die
Berichte, die er über die einzelnen Vorstellungen der
Projektanten ergehen lässt, sind dafür Beweis. Mit
prüfendem Blick verfolgt er die Oktrois bis ins einzelne,
immer ergänzend und verbessernd und eigenhändig be-
richtigend. Bei einer Arbeitsfülle, hervorgerufen teils
durch die Kriegsführung, teils durch Inanspruchnahme
von inneren Angelegenheiten ist dies umsomehr zu be-
wundern. Überall ist er der treibende Faktor. Er er-
scheint selbst in Emden, um an Ort und Stelle zu prüfen,
nachzusehen und Anordnungen zu treffen. Daneben ist
er der weise, sparsame Wirt und Hausvater, der erwägt,
wieviel das Unternehmen für seine Kasse an „Recognition"
abwerfen könnte. Auch beteiligt er sich selbst mit Aktien,
um die ihm so wichtige Angelegenheit zu fördern. Am
meisten glaubt er der Sache nützen zu können, dadurch,
dass er den Unternehmern alle möglichen Freiheiten und
Privilegien verleiht und ihnen seinen hohen Schutz zusagt.

Dass er immer wieder und wieder gesucht wurde,
beweist, welches Ansehen er und sein Staat in der
Handelswelt genossen. Dass er in einzelnen Fällen ab-
lehnte, war von dem scharf- und weitsehenden Monarchen
wohl erwogen. Bewegten ihn ernstere Fragen, so hielt
er es für seine Pflicht, seine überseeischen Lieblingspläne
zurückzustellen. Seine innere Kolonisation erforderte zu-
viel Aufwendungen, und dies erschien ihm zunächst das
Wichtigste.

Die überseeischen friedericianischen Handelsbestrebungen sind von allgemeinem Werte. Vor allem wurde
durch sie die Unternehmungslust gefördert. Der preussische — man könnte auch sagen der deutsche — Name,

der in der Handelspolitik Frankreich, England und
Holland gegenüber wenig bedeutete, erlangte Achtung
und Ansehen. In patriotischen Kundgebungen äussert
man seine Sympathie für den König. Es ist das Interesse
des Vaterlands, das die gewissenhaften Beamten des
friedericianischen Staates treibt, selbst mit Vorschlägen
an den König heranzutreten, nachdem sie das Für und
Wider der einzelnen Projekte sorgfältig erwägen und
danach in ihren Berichten und Verträgen zum Ausdruck
bringen. Dieser friedericianische Geist, der das ganze
Beamtentum beseelt und sich auch nach dieser Richtung
geltend macht, ist ein Vorzug jenes Staates. Dabei be-
wahrte sich jeder Einzelne seine Selbständigkeit, wenn
auch seine Ansicht mit der des Königs im Widerspruch
stand. Aber auch dieser ist nicht eigensinnig, sondern
unterwirft sich bei triftigen Gründen dem Urteile seiner
Beamten.

In vielen Dingen gilt uns der Staat des alten
Fritz auch heute noch als Muster. Wir freuen uns,
dass die Gegenwart in Bezug auf Kolonisation und Er-
schliessung überseeischer Handelswege dieselben Gedanken aufgenommen, die damals die Ungunst der Verhältnisse nicht zur Entfaltung bringen konnte. Wir
freuen uns, dass durch eine starke Flotte der deutsche
Name geschützt werden kann, und die Pioniere für Ausdehnung und Förderung unseres Handels in überseeischen Gebieten zielbewusst vorgehen können. Wir
haben auch in dieser Beziehung die Erbschaft des alten
Fritz übernommen. Wir weisen das Urteil zurück, das
der französische Ökonomist Leroy-Beaulieu[1]) über die
deutsche Kolonialpolitik fällt, wenn er schreibt: „Dans

---

[1]) *Leroy-Beaulieu.* De la colonisation chez les peuples mo-
dernes. Paris 1882.

ces dernières années les Allemands ont montré bien des
velléités de coloniser. Malheureusement pour eux, ils
entrent un peu tard dans la voie . . . Avec des desseins
nets et précis, la décision qu'ils montrent quand ils ont
une idée claire, les Allemands auraient peut-être pu encore
se tailler leur part dans les contrées nouvelles. Seulement,
ils ont, en matière de colonisation, des idées confuses."

Deutschland weiss, was es in seiner überseeischen
Handelspolitik verfolgt. Ihm gilt heute noch als Aufgabe, was der grosse König schon erstrebte, die wirtschaftliche Selbständigkeit seiner Bewohner zu erzielen
und sie zu befähigen, an den Bestrebungen einer exten-
siveren Wirtschafts- und Kulturpolitik durch den Staat
sich zu betheiligen[2]). Was der grosse Hohenzollernfürst
als sein handelspolitisches Ziel verfolgte, wird auch
Deutschland unverrückbar im Auge behalten: „das Commercium als die eigentliche und wesentliche Quelle, wodurch einem Lande und seinen Einwohnern Seegen,
Reichtum und Überfluss zugeführet wird, immer mehr
zu verbessern, in rechten Flor zu bringen und darin
zu erhalten, mithin alles dasjenige, was dem entgegen
oder hinderlich seyn kan, aus dem Wege zu räumen".

[2]) „Die Grösse des Staatsmanns besteht darin, dass er die
Zeit und seine Bedürfnisse richtig versteht und aus den ver-
suchten Einrichtungen das herausnimmt, was für Volk und
Land am besten passt". (Schmoller).

# Anhang.

## Urkunden.

# Exposition d'une partie des opérations de la Compagnie Prussienne.[1])

Vom September 1750 (beigefügt dem octroi de commerce de la Touche).

R. 68. n. 16. J. 1. Vol. I. Answ. Dep.

De toutes les entreprises, qui peuvent produire à la compagnie des bénéfices évidents et prompts, rien n'en peut mieux assurer le succès que de commencer par faire le bénéfice des transports sur toutes les denrées et marchandises provenant du cru du pays et états du Roi et des autres provinces d'Allemagne, ainsique des denrées et marchandises provenant des autres pays de l'Europe.

Ce commerce bien entendu, bien dirigé, présente une perspective d'autant plus solide qu'il y a moins de risques et de hazards à courrir, qu'on ne perd jamais ses fonds de vue, est toujours en état, pour calculer, pour ainsi le dire, les bénéfices qu'on peut journellement se procurer. Il ne faut pour bien remplir cet objet que de l'intelligence, de l'attention et de le l'économie.

Les pays du Roi produisent beaucoup de bois de chêne et de sape propres à la construction des bâtiments de mer et de terre. Tous ces bois sont enlevés pour l'étranger, le marchand qui vient les acheter et exploiter sur les lieux, les fait transporter à Hambourg où il les vend à d'autres marchands avec un bénéfice qui le dédommage bien de l'argent qu'il a

---

[1]) Die Orthographie der in französischer Sprache abgefassten Urkunden wurde thunlichst nach der heute üblichen Schreibweise geändert.

avancé et des soins qu'il s'est donné; ces bois vendus à
Hambourg sont indépendamment du bénéfice du premier
achapt, chargés d'une commission que reçoit le négociant
qui en fait le traité et le chargement pour le compte
d'autrui; on doit ensuite y ajouter les frais de transport
et le bénéfice qu'on retire encore dans le pays où on le
porte, il ne faut donc pas d'autres démonstrations pour
prouver évidemment que la compagnie peut jouir également de ces avantages avec cette différence de plus en
sa faveur qu'elle pourra s'assurer du prix de la vente
qu'on aurait occasion d'en faire soit en Espagne, en
France et dans tous les pays où on trouvera à les
déboucher avec le plus d'avantage, pour cet effet on
aura partout des correspondants exacts qui envoyeront
les proportions de bois dont ils auraient fait les traités
pour le compte de la compagnie.

On tirera de la Poméranie, de la Silésie, du Mecklem-
bourg tous les bois qu'on pourrait voiturer et vendre
chez les étrangers et dans la suite, où en serait aussi
un très grand commerce dans la Prusse, dans la Pologne,
même par Memel.

On fera aussi le commerce de brai, de godron, de
chanvre sur lequel il y aura toujours un profit à espérer.

Le commerce de grains, lorsque les récoltes sont
abondantes, sera fort avantageux en les achetant et
les transportant pour le compte de la compagnie dans
les frays étrangers suivant les avis en conséquence des-
quels on pourra faire de justes spéculations. Le commerce
des toiles de Silésie à faire avec l'Espagne et dans les
autres pays étrangers produira à la compagnie des avantages non médiocres, puisqu'elle pourra les acheter de
la première main et les transporter par ses propres
bâtiments. On entrera dans des détails bien circonstanciés

sur cette branche de commerce et il sera pris les plus justes mesures pour en assurer le succès.

La compagnie retirera d'ailleurs le bénéfice non seulement du transport, mais même de la vente des différentes denrées et marchandises qu'on tire des divers pays de l'Europe, et qui sont nécessaires à la consommation des peuples du nord; comme les vins de tous les pays, eaux de vie, sucre, caffé, huile, laine d'Espagne, cotton de l'Amérique et du Levant propres pour les manufactures du Brandebourg, de la Silésie, indigo, rocou et autres drogues pour les teintures.

Il sera établi des magasins à Stettin pour le compte de la compagnie d'où l'on débouchera en Silésie, dans la Lusace, Pologne, Moravie et Bohême, toutes les denrées que l'on y consomme journellement et on se mettra en état de s'en procurer un débouchement facile.

Pour avoir faire ce commerce avec étendue, il faut commencer par faire construire à Stettin quatre bâtiments propres pour la navigation de la mer baltique, on en déterminera l'espèce, le port, la capacité et les proportions suivant le devis qui sera présenté, on fera faire ces constructions avec la plus grande économie; la compagnie fournira elle-même les bois, chanvres, toiles à voile, brai, godron et fer, afin de ne pas acheter de la seconde et troisième main, et en fera crier au rabais la construction et main, d'œuvre, pour éviter la discussion des comptes, et les doubles emplois des journaliers, précaution qu'il sera bon de prendre dans tous les marches, que la compagnie voudra faire.

Les quatre premiers bâtiments qui vont se construire à Stettin seront nommés le Frédéric, le Guillaume, le Henri, le Ferdinand.

Lorsque la saison sera trop avancée et que les glaces empêcheront la navigation dans la baltique et sur l'Oder,

ces bâtiments seront employés à faire le commerce dans
l'Océan et la Méditerranée, et trouveront toujours dans
Emden un port assuré. La compagnie peut se promettre
bien des avantages de la navigation de ces quatres
bâtiments. Il sera fait des réglements pour prévenir
les abus, et quand les dits réglements auront été
approuvés dans l'assemblée qui sera convoquée à cet
effet on fera faire des imprimés des tous les titres et
papiers qui ont rapport à la navigation, comme modèle
d'instruction au capitaine, rolle d'équipage, points
d'assurance, connaissement et ce pour éviter la confusion
et que tant soit uniforme.

La compagnie fera des magasins de blés et de
grains, lorsqu'ils tomberont à un très bas prix, et on
est toujours sur d'en tirer avantage quand on sera
attentif à profiter des circonstances.

Des objets non moins intéressants que ceux dont il
vient d'être fait mention, pourront aussi fixer l'attention
de la compagnie et animer ses espérances, c'est la pêche
du harang et de la morue qu'elle pourra faire d'Emden
avec des bâtiments construits exprés.

On se précautionnera d'hommes expérimentés sur la
bonne manière de préparer le harang.

Cette pêche est un grand trafic.

Les bâtiments dont on se sert portent environ soi-
xante tonneaux, on les fera construire à d'autant meilleur
compte qu'on a de la première main les cordages, les
voiles, les filets ainsi que les casques, tonneaux ou barils
pour mettre ce poisson.

Il sera fait un mémoire qui traitera des moyens de
faire cette navigation et ce commerce avec succès, et
on se modèlera sur ce qui se pratique en Hollande, et
aujourdhui en Angleterre.

La pêche de la morue présente également une branche de commerce qu'on ne négligera point.

Il ne faut employer pour la pêche du harang et de la morue que de petits capitaux qui rentreront peu de temps après avec le bénéfice qui en pourra résulter.

On ne peut s'y prendre trop tôt pour ordonner la construction des bâtiments qui sont nécessaires pour cette navigation afin de profiter des premières saisons. Il faut ajouter à la pêche du harang et de morue, celle des baleines dont les negeoires ou fanons servent à bien des usages.

Cette pêche ne se fait que dans un certain temps de l'année. Le port d'Emden est très heureusement situé pour l'entreprendre, mais comme elle est sujette à plus de hazards que la pêche du harang et de la morue, on ne l'entreprendra qu'après avoir fait des progrès dans les deux autres.

Il se fait pour tout une grande consommation de l'huile qu'on tire de la baleine appelée thran, elle sert à éclairer les artisans, les ouvriers, les pauvres gens et pour apprêter toutes sortes de peaux qui ne peuvent se passer de cette huile, comme la plus propre et la plus convenable à ces sortes d'apprêts: On emploie ordinairement pour la pêche de la baleine des bâtiments de 250 tonneaux, et en huit jours de navigation d'un vent de sud, partant d'Embden, l'on peut se rendre dans les mers ou parages où se fait cette pêche. Pour pouvoir calculer au juste les opérations de la compagnie, il sera remis au teneur de livres, le tarif des droits, de tous les pays de l'Europe où l'on doit commencer.

Ricard met parfaitement au fait de tous les droits d'entrée et de sortie de Hollande. Nous avons celui de Sa Majesté. On a le tarif général des droits de France, on se procurera les autres et avec ces précautions on sera toujours en état d'être informé et de vérifier à combien se montent les différents droits sur chaque espèce des marchandises dont on fera le transport et la vente.

La compagnie parviendra à pousser le commerce dans les états du Roi au plus haut degré, on n'a bésoin aujourdhui que de gens expérimentés, et avec de la prévoyance, de la préservance, de l'activité, de l'économie, les succès ne seront pas douteux.

On annoncera par des billets d'intelligence le départ des vaisseaux, leur destination, les différentes échelles qu'ils pourront faire, afinque tous les sujets du Roi puissent faire venir par les bâtiments de la compagnie les marchandises et effets qui voudraient tirer des pays étrangers, il sera convenu du prix pour les fraix de transport, et par cette facilité on leur évitera de passer par trois ou quatre mains.

Ceux qui n'auront point de fonds, n'y de correspondants dans les pays étrangers pourront s'adresser au bureau de la compagnie, et on leur fera venir pour leur compte les effets, marchandises et provisions dont ils auront bésoin en payant ce qui sera convenu pour l'achapt, l'avance de l'argent et les frais de transports, on se contentera d'un bénéfice modéré, afinque les sujets du Roi se ressentent de la protection que sa Majesté veut bien accorder à cet établissement et on procurera à tout le monde la facilité d'avoir des Vins sans être mélangés, ainsi du reste et le tout à un prix au dessous de ce que l'on a coutume de payer ordinairement.

On annoncera de même par des billets d'intelligence l'arrivée des vaisseaux, leur chargement, afinque chacun puisse se pourvoir directement des marchandises et denrées dont il aurait bésoin.

## Commerce de la Chine.

Les sujets des souverains qui ont des ports de mer dans leurs états ont le droit incontestable, lorsque le Prince le leur permet, d'envoyer des navires à la Chine, il n'y a point de comptoir comme dans les Indes; toutes les nations qui s'y présentent pour commercer y sont bien reçues, et les puissances maritimes n'ont aucun droit, aucun moyen pour s'opposer à cette navigation, n'y la troubler et inquiéter.

Sa Majesté ayant fait la grâce à la compagnie de lui accorder son pavillon et ses passeports pour l'armement de deux vaisseaux pour la Chine par an et ce pour le terme de quinze années on commencera par donner une idée générale de commerce de ce pays et ensuite on traitera des mesures et précautions qu'il y aura à prendre pour le faire avec succès.

Il faut pour cette navigation des navires du port de 500 à 600 tourneaux, la rivière de Canton en Chine où se fait ce commerce serait difficile à monter pour des bâtiments qui tireraient plus d'eau.

Ce commerce ne se fait qu'avec des piastres ou matières d'argent, et il y a fort peu d'autres marchandises d'Europe à porter, sur lesquels il y ait un bénéfice à espérer. Les marchandises qu'on achette à Canton, port de la Chine, sont le thé de toute espèce, beaucoup de soie crue, les damas, des gros de tours, des bours de soie, des armoisins, des pekins, des satins et d'autres étoffes recherchés tant en uni, que travaillées en or et en argent.

Toutes les marchandises dont le Roi a défendu l'entrée dans les états seront mises en entrepôt et vendues aux étrangers. On rapporte aussi de ce pays beaucoup de porcelaines de cabinets vernis, des drogues

7*

et autres articles. Il y aura toujours un petit bénéfice
à faire pour échanger de l'argent contre de l'or, les
Chinois n'ayant point de mines d'argent chez eux.

Pour se procurer les fonds nécessaires pour le
commerce de la Chine et le faire avec avantage, on
fera parvenir en Espagne des toiles et autres denrées
et marchandises dont la vente sera convertie en matière
d'argent qui serviront à faire les échanges en Chine.

Voici comment on peut s'y prendre. On expédiera
le premier bâtiment qui sera construit à Stettin pour
Cadix avec une cargaison composée des articles suivants:
Des bois propres pour la construction, du chanvre, brai,
godron, toiles etc.

Chaque objet de chargement qui sera fait à Stettin
pour cette destination devra être au moins de 75 000 écus,
non compris l'achapt et construction du bâtiment.
On peut se promettre un grain certain sur beaucoup
d'articles provenants des pays du Roi et le bénéfice qui
résultera nécessairement du transport est évident.

La compagnie pourra toujours faire des bonnes
spéculations, et profiter des circonstances favorables qui
se présenteront. On se ménagera des cargaisons toutes
prêtes pour le retour, afin s'abréger les voyages, de
diminuer par conséquant les dépenses, ce qui est essentiel
pour augmenter les bénéfices; des ordres précis seront
donnés pour cet effet aux correspondants de la compagnie.

On peut évaluer le bénéfices qui résultera du commerce de la Chine à 60 ou 80 pour cent.

La compagnie courra les risques sur tous les bâtiments qu'elle ferra naviguer en Europe, jusqu'à concurrence de dix mille écus les uns portant les autres,
et s'assurera elle-même pour cette somme; tout ce qui
sera chargé d'excédant dans ses bâtiments, sera assuré,

afin de ne point s'exposer à éprouver des échecs qui puissent en diminuer le fond, et jetter dans le découragement. On ne confiera le commandement des bâtiments qu'à des gens expérimentés qui soient en état de faire respect le pavillon du Roi et d'éviter par une conduite prudente et mesurée toutes les occasions d'être entamé.

On peut dire et le dire sans exagération que le Brandebourg, la Poméranie, la Silésie, la Prusse et l'Ostfrise réunissent les avantages infinis pour le commerce, on se propose de le faire de la première main, sans passer par ni seconde ni troisième, un tel négoce est stérile et peu lucratif, il ne produit ordinairement que la fortune d'un petit nombre de particuliers, sans que le Souverain et ses sujets s'en ressentent.

L'heure est enfin arrivée où l'on doit entrer en concurrence avec ses voisins, s'animer les uns et les autres à profiter de la protection que Sa Majesté accorde pour tant d'objets de commerce qu'on peut partager avec les autres nations de l'Europe.

Ces espérances dont on ose se flatter ne sont ni fausses ni même douteuses; qu'on parcoure tous les lieux de l'Europe, où les Anglais et Hollandais font une partie de leur commerce, et l'on verra que le négoce n'est pas moins facile ici, du moins quant à plusieurs de ces branches, les uns et les autres viennent chercher les bois les chanvres, les grains, les toiles etc. qui proviennent des états du Roi pour en faire le transport dans d'autres pays d'où ils rapportent des vins, des eaux de vie et toutes les autres denrées dont on ne peut se passer, pourquoi ne pas ouvrir les yeux sur le commerce qu'on peut faire par soi-même, pourquoi renoncer à leur bénéfice dont on est en état de profiter.

A l'égard des profits, la preuve en est évidente et fort courte, celui qui vend de la seconde main, ne peut faire qu'un grain, tandis que celui qui vend de la première en fait deux.

L'avantage des retours sera encore tout entier pour les sujets du Roi puisque, avec leurs propres bâtiments, ils pourront rapporter les marchandises de France, d'Espagne et d'ailleurs, et par ce moyen jouir du bénéfice du transport.

On doit être sur cela d'autant plus encouragé qu'il n'y a aucun pays dans l'Europe où l'on puisse, avec de l'expérience, faire construire à meilleur compte.

On s'est jusqu'ici accoutumé insensiblement à recevoir des étrangers à un prix onéreux, ce qu'il sera facile d'avoir dorénavant à meilleur compte en se donnant seulement la peine de l'aller chercher.

On objectera peut-être qu'il n'est guère probable qu'on puisse trouver ici les facilités et avantages, dont on tâche de flatter ceux qui entreront dans la compagnie; ces insinuations ne pourraient venir que de gens qui auraient des vues personellement intéressées.

Ces espérances fondées sur tant d'avantages qui seront mieux et plus amplement déduits, ne sont pas en nombre de ces projets d'idée qu'il n'est pas possible de conduire jusqu'à l'exécution, c'est pour faciliter les moyens de parvenir à un but si désirable, que se forme la présente compagnie, sous la protection tout puissante de Sa Majesté, et pour aider tous ceux de ses sujets qui le voudront, à profiter des avantages qui se présentent; n'est-il pas bien démontré que par le secours d'un commerce maritime, bien dirigé, par le moyen d'un crédit appuyé de gros fonds par une sage et économique administration, on verra les biens fonds prendre faveur, les mutations plus faciles et plus fréquentes. les conformations intérieures plus étendues, le travail excité et mieux récompensé: pour y parvenir il ne s'agit donc

que de faire son commerce par soi-même, en envoyant
directement au dehors ce qui n'aura point été consommé,
et en rapportant également du dehors ce qui est nécessaire
à la consommation journalière.

On continuera à donner aux intéressés de plus
amples détails relativement aux objets dont il sera traité
dans les assemblées.

—

No. 2.

## Auszug aus den „Desideriis der octroyirten Compagnie in Embden".

(Überreicht von den Direktoren: J. de Poltere, J. F. Schmid
de Francfort a/M., Th. Dillon de Rotterdam, J. G. Teegel,
J. T. Hesslingh, J. Menninga, G. Wille mand. H. A. Philipsen aus Hamburg, Th. Stuart, H. Süür. Gelegentlich
der Anwesenheit des Königs in Emden).

R. 96. 423. A.

Die Compagnie bittet:

1. Dass es Seiner Königl. Maj. Landesväterlich be-
lieben möge, ermeldtes Octroy auf mehrere Jahre allergnädigst zu erstrecken . . . (Eigenh. Randbem. des Königs:
Kan mit der Zeit alle mahl prolongiert werden).

2. Dass der Compagnie allergnädigst accordiret
werden möge . . . mehr als zwey Schiffe jährlich nach
China abzusenden. (Eigenh. Randbem. des Königs: So
vil sie Wollen).

3. Dass so lange dieses Octroy wäh020ret, kein anderer
damit gratificiret, sondern nach Exspiration desselben
deren Interessenten der jetzigen Compagnie vor andern
der Vorzug gestattet werden möge. (Randbem.: guht).

4. Seiner Königl. Maj. wird gebeten die Protection
dieser Compagnie auf und über sich zu nehmen und
dieselbe wieder auswärtige Attaques und diejenigen.

welche sie in ihren Navigation und Commerce zu Troubliren sich unterstehen werden, mächtigst zu beschützen. (Randbem: Die (sc. protect.). Stehet in der octroy).

5. Dass die Compagnie ihre innere Haushaltung, die Direction ihres Commercii und was die Verwaltung ihrer Sachen zu Wasser und zu Lande betrift, frei und independent von Seiner Königl. Majestät Hochpreisslichen Regierung seyn sollte . . . (Randbem.: das Stehet in der octroy).

6. Reglements und Verordnungen zu machen, als die Compagnie sowohl zur See, als zu Lande zur guten Einrichtung und Direction ihres Handels und Schiffarth nützlich und convenable zu sein erachtet wird . . . und derselben zu solchem Ende einige Gerichtsbarkeit über ihre Officianten und Subalternen gestattet werden möge.

7. Dass in Streitigkeiten von denen in dergleichen Sachen durch ihre Directeurs und Haupt Participanten zu ertheilenden Aussprüchen keine Appellation wenigstens nicht ad effectum suspensionum Statt finden möge. (Randbem.: gantz guht).

8. Dass erlaubt sei, so viel Soldaten und Matrosen, als sie zur Besatzung ihrer Schiffe nöthig zu seyn erachtet, zu mögen enrolliren, auch die denen officiers und subalternen zu ertheilende Commissiones so oft sie es zu mehreren Nutzen und Vortheil der Compagnie gerathen finden wird, zu revociren.

(Randbem.: in frislandt und dem Hertzogtum Cleve, aber nicht in denen übrigen provintzen).

9. Dass denen Directeurs und Haupt Participanten gestattet werde, die Deserteure mit Vorwissen der Obrigkeit des Orts, wo sich dieselben aufhalten, arrêtiren zu mögen und zum schuldigen Gehorsahm bringen zu lassen, ohne dass dafür die geringsten Sportuln erleget werden dürfen. (Randbem.: guht).

10. Dass Seiner Königl. Majestät zu verordnen geruhen wollen, dass die Soldaten und Matrosen der Compagnie nicht debouchiret oder forciret werden sollen, unter Seiner Majestät Troupes Dienst zu nehmen.

11. Dass Seiner Königl. Majestät zu promettiren gelieben wollen, dass Höchstdieselben niemahls es sey im Frieden oder Kriegszeiten ohne Zustimmung der Compagnie sich derselben Schiffe Artillerie, Communitions Wahren, Magazins und Packhäuser, Officiers, Matrosen und anderer Bediente bemächtigen. (Randbem.: gantz guht).

12. Dass Seiner Königl. Majestät der Compagnie zu verstatten geruhen wollen, die in der Beilage gezeichnete Wappen zu ihren Siegeln zu gebrauchen, um damit ihre expedienda zu Wasser und zu Lande zu muniren. (Randbem.: Wie Sie Wollen).

13. Dass Seiner Königl. Majestät denen mit andern hohen Mächten zu errichtenden Alliance und Commerce Tractaten die Compagnie mit einschliessen möge. (Randbem.: gantz guht).

14. Dass Seiner Königl. Majestät der Compagnie accordiren wolle, um in Höchst derselben Nahmen mit denen Souverains und andern Mächten in Indien solche Tractaten und Alliances einzugehen, als dieselben zur Beförderung der Freiheit und Ausbreitung ihres Commercii am erspriesslichsten zu seyn befinden werden. (Randbem.: So Wie Sie Wollen).

15. Es möge gestattet sein die zur Ausrüstung der Schiffe nöthigen Producten aus auswärtigen Provinzen einzuführen und Zollbefreiung dafür zu gewähren. (Randbem.: So vihl Landesproducten wie Möglich aber NB. Rb. damit zu sprechen deutlicher explciiren).

16. Allen Hohen und niedrigen Bedienten, Räthen Magisträten in denen Städten und auf dem Lande zu

interdiciren, die Wahren und Güter der Compagnie, welche dieselbe von dem einen Ort nach dem andern zu versenden gut finden sollte, zu arrêtiren, noch davon die geringsten Abgaben zu fordern, unter welchem practext auch seyn wolle. (Randbem.: deutlicher exspliciren).

17. So viel Artillerie und Krieges Geräthe, als zur Sicherheit der Schiffahrt und des Commercii nöthig sind, wie auch allerhand Kaufwahren, wenn selbige gleich contrebande wären, sodann gemünzt und ungemünzt Silber aus Ihrer Königl. Majestät Landen, als aus auswärtigen Provintzen zu em- und debarquiren, auch zu verhandeln. (Randbem.: contrebande gehet nicht an).

18. Es möge der Compagnie eingeräumt werden ein convenabler Ort zu ihren ordinairen Versammlungen und Comtoirs, wie auch diejenigen Plätze und Magazins, welcher die Stadt wird am bequemsten, wird entbehren können. (Randbem.: Mit Lentzen auszumachen).

19. Dass es erlaubt sei, Handwerker, Schiffs-Zimmerleute, Metzler, Seiler, welche keiner Zunft oder Gilde angehören, zu gebrauchen. (Randbem.: guht).

20. Dass im Falle des Concursus Creditorum eines Interessenten der Compagnie, diese mit ihrer etwa auf sothane Interessenten habenden Forderung präferiret seyn solle. (Randbem.: Cocceij).

21. Dass jedem gestattet sein soll, auch denen von der Noblesse durch Subscription oder Ankauf der Action Theil zu nehmen, ohne seinem Stand dadurch Abbruch zu thun. (Randbem.: gantz guht).

22. Dass den Curatoren und Vormündern gestattet sein soll, die Gelder ihrer Pupillen bey der Compagnie anzulegen. (Randbem.: ist gegen die Gesetze).

23. Dass die Participanten und Beamten der Compagnie wegen Compagnie Sachen oder etwaiger Schulden in keiner Weise molestiret werden sollen, und dass die

Betreffenden von denen, so Forderungen und Spruch zu
haben vermeinen, um bei der competenten Obrigkeit,
und wenn es die Compagnie en Corps betreffen sollte,
immediat vor Ihrer Königl. Majestät belangt werden
könnten. (Randbem : ist guht).

24. Dass einige Directoren in Embden, als der Re-
sidentz dieser Compagnie ihren Sitz haben mögen, und
dass Seiner Königl. Majestät, da die auswärtigen Directoren den Versammlungen nicht beständig beiwohnen
können, mit dero Höchsten approbation die Wahl des
Rathsverwandten und doctorem zum Archivario und Con-
sulenten der Compagnie bekräftigen möge. (Randbem.:
Da Mögen sie den articel untersich aus machen).

25. Wenn zu ihrem mehrern Vortheil etwas erspriess-
lich erachtet wird, Seiner Königl. Majestät Thron zu
nähern und um Vermehr- und Verbesserung der verliehenen Privilegien und Statuten nachzusuchen, wogegen
die Compagnie bei Einräumung aller vorstehenden Ar-
ticeln verspricht, mit Ausgang des Jahres zwey Schiffe
nach China zu equipiren und abzusenden. (Randbem.:
Dependirt von ihnen. Fr.)

---

### No. 3.
## Unterzeichnete Actionisten
## für die Asiat. Handelscompagnie in Emden.
### Rep. 96. 423. B.

1751. 15. Juni.

|  |  |  |
|---|---|---|
| Bürgermeister de Pottere | . . | 8 Actien |
| Hof-Rath Schmid und Freunde | 65 | „ |
| Directeurs { Commerce - Rath Teegel und | | |
| Freunde . . . . | 40 | „ |
| Bürgermeister Hesslingk | 4 | „ |

| | | | |
|---|---|---|---|
| Directeurs | { Commerce-Rath Dillon . . . | 50 | Actien |
| | { d'Ertborn in Antwerpen und | | |
| | { Freunde . . . . . . . | 75 | „ |
| administrirende Haupt-Participanten | { Der Praeses der Viert- ziger Meninga . . | 4 | „ |
| | { Philipsen in Hamburg und Freunde . . . | 62 | „ |
| Honorair Haupt- Participanten | { Schütze i. Berlin u. Freunde | 51 | „ |
| | { Köppe & Haussler i. Magde- burg und Freunde . | 27 | „ |
| | { Morell in Gent . . . . | 12 | „ |
| Consulent u. Archiv : | Raths-Verwandter Suur | 2 | „ |
| | Bürgermeister Stochius | 2 | ,, |
| | Camerarius v. Wingene | 2 | „ |
| | Raths-Verwandt. Coens | 4 | „ |
| | der Praeses der Viert- ziger Judde . . . | 2 | ,, |
| | Harde . . . . . . | 1 | „ |
| | Qualenbrink . . . . | 2 | „ |
| | Balthun . . . | 3 | ,, |
| | Bauerman . . . . | 2 | ,, |
| | Joergens in Bremen . | 2 | „ |
| | Kriegsrath Vanzelon in Stettin und Freunde | 13 | „ |
| | Bauman in Rotterdam und Freunde . . . | 16 | ., |
| | de Jong in Gent . . | 7 | „ |
| | Stuart . . . . . . | 4 | „ |
| | | 460 | Actien |
| | Forbes d'Alford . . | 20 | „ |
| | Andrae von Gröningen | 2 | ,, |
| | | 482 | Actien. |

No. 4.

# Pro Memoria von Faesch vom 6. Juli 1751.

R. 68 n. 16. J. 1. Vol. II.

1751. 6. Juli.

## Pro Memoria.

Wegen einiger Articles, welche der Declaration, des die Asiatische Handlungs-Compagnie zu Emden ertheilten Octroy, zu ihrem grösseren Lustre und mehreren Beförderung noch mit inseriret werden könten, und zwar:

que les gages des officiers subalternes et autres employés dans la Compagnie seront exempts de toute saisie, sequestre et arrêt p p.

Nul n'aura voix dans cette Assemblée Générale ni dans les suivantes à moins qu'il n'ait douze Actions et les directeurs vingt.

Il ne sera pas permis à la Compagnie d'employer pour le voyage de la Chine d'autres vaisseaux que ceux qui lui appartiendront en propre, et dont les gens de l'équipage, tant officiers soldats que matelots seront à ses ordres, gages et serment.

Les directeurs prêteront serment de se comporter bien et fidèlement et de se conformer aux instructions qui leur seront données par l'Assemblée Générale pour le plus grand avantage de commerce.

Les directeurs qui sont nommés dans la suite par l'Assemblée Générale prêteront à serment entre les mains de celui ou de ceux qu'Elle commettra pour le recevoir.

Il ne sera permis aux directeurs de se retirer de la Compagnie ni en rendant ou cedant leurs Actions qu'il y aura, lesquelles demeureront dans le fond de la Compagnie et y seront réputées meubles pour les intéressés.

Les directeurs auront le droit d'instituer et de destiner à volonté les Teneurs des Livres, Secrétaires, Capitaines etc. mais pourqu'ils aient les qualités requises pour bien exercer ces fonctions il faut que les directeurs les remplissent gratis, sans demander ou de recevoir aucune reconnaisance en argent ou autrement.

Il ne sera pas permis aux directeurs de résoudre sur des affaires d'importance, à moins qu'ils ne soient d'un certain nombre soit 3 ou 4.

de plus: Les directeurs seront tenus, de rendre un compte général de leur administration de deux ou trois en trois ans, ils doivent cependant toujours conserver dans la caisse une somme suffisante pour le bésoin à l'avantage de la compagnie.

Il ne sera permis aux directeurs, de lever ou prêter de l'argent à qui que ce soit sans l'approbation de l'Assemblée Générale.

Il sera défendu généralement aux directeurs et à ceux qui seront intéressés dans le fond de compagnie, ou employés dans son service en quelque qualité ou poste que ce puisse être de négocier aux Indes pour leur compte.

Les Capitains et Commandants des vaisseaux auront toute autorité pour la discipline de l'équipage et des soldats qu'il sera nécessaire, afin d'éviter les séditions et soulevements qui peuvent arriver dans les voyages de long cours.

Berlin le 6. Juillet 1751.

Faesch.

No. 5.

## Schreiben des Residenten Ammon aus Paris, das Projekt des Bourdonnaie zur Errichtung einer preussischen Kriegsmarine betreffend.

R. 96. 25. E. Frankreich 1750/51. Vol. I.

8. Juli 1751.

J'envoie à V. M. un projet pour l'extention de la Comp. Asiatique d'Embden, et pour la création d'une Marine, sans laquelle cette Compagnie ni aucun commerce ne pourront jamais être établis d'une manière estimable.

Ce projet est nouveau, en ce qu'il réunit deux différents objets, savoir la Marine et le Commerce. Les Vaisseaux devaient être construits de façon qu'ils seront propres à l'un et à l'autre usage. Il (sc. le projet) a été formé par l'homme du monde qui entend le mieux ces parties et qui est le plus en état de les mettre en exécution, c'est le Sr. de la Bourdonnaie, connu par les beaux établissements qu'il a fait aux Jsles de France et de Bourbon, par la prise de Madras et par la persécution qu'il a essuyée de la part des Ministres qui soutenaient le Sr. du Pleux. Ses mémoires ont été rendus publics et son innocence y a été si bien devoillée, que le parlement n'a pu se dispenser de l'absoudre. Aussi jouit-il ici dans le public de la plus grande considération. · Son mécontentement contre la Cour, et l'admiration qu'il a conçue pour V. M., l'ont engagé à concerter avec moi le projet en question et à m'offrir de passer au service de V. M., pourvu que cela se fasse avec l'agrément de la Cour d'ici. Il ne demande aucune pension, il ne veut que des honneurs et se contentera du titre de Vice-Amiral. Il consent de plus à fournir lui-même toutes les sommes nécessaires, en sorte que moyennant un intérêt de 60 à 75/m écus par an. V. M.

Il procurera en peu de temps une Marine considérable
et un Commerce immense dans ses Etats. Quant aux
troupes qu'il demande, il se contentera de quelques
régiments auxquels il apprendra le service de Mer, sans
détruire par là leur destination actuelle. Outre l'utilité
que V. M. retirera de l'exécution d'un si beau projet,
Elle sera encore par là l'acquisition d'un homme de
mérite qui possède de grandes richesses. L'attends
là dessus les ordres de V. M. et je La supplie de faire
tenir la chose entièrement secrète.

## Projet.

S'il convient à la Prusse d'avoir une Comp. qui lui
facilite le Commerce avec toute la Terre il lui convient
d'avoir une Marine qui soutienne et protège son comr
merce dans toutes les occasions ce serait exposer le nom
du Roi de Prusse et les intérêts de Sa Comp. à des
insultes et à des échecs tant en Europe que dans le
reste du monde.

D'un autre côté il serait bien dispendieux de former
une Marine pour le seul honneur d'avoir des forces
maritimes.

S'il s'ensuit donc qu'en formant une Marine en
Prusse on doit avoir pour but en temps de Paix de
favoriser le Commerce en temps de Guerre de courir
sur les ennemis de l'Etat partout ou où peut les attaque
à son avantage, or où ne peut profiter de cet avantage
qu'en connaissant bien les pays étrangers, on ne
peut acquérir cette connaissance à meilleur compte
que par le pratique d'une navigation marchande, conséquent il faut avoir des vaisseaux marchands, qui en
faisant le Commerce forment des marins disciplinés de
façon, que dans l'occasion ils sont capables de conduire
des vaisseaux de guerre qui fassent respecter le Pavillon

du Monarque partout où il conviendra. Il faut conclure
que l'on ne peut parvenir à cette heureuse fin sans
avoir des vaisseaux marchands et sans avoir des forces
maritimes.

L'un doit être proportioné à l'autre et tous les deux
à la grandeur des forces et du Commerce dont la Prusse
est susceptible.

C'est cette liaison indispensable qui a d'abord fait
penser qu'en formant une Compagnie de Commerce il
fallait songer aux moyens d'avoir en même temps
les forces maritimes ou du moins d'en jetter les fondements
solides, et pour en soulager la dépense au Prince, on a
conçu l'idée que les profits mêmes de la Compagnie
aideront en grande partie aux fonds nécessaires pour
créer et entretenir une force maritime capable de protéger
le Commerce. On va croire que ce projet est fondé sur
la raison et l'expérience.

Il y a actuellement en Prusse une Compagnie formée
qui a obtenu de Sa Maj. Prussienne un octroy pour envoyer des vaisseaux aux Indes. Il faut partir de là.

On suppose donc que cette Comp. ait un fond de
4 millions de livres, ce n'est point assez, il faut y joindre
des associés qui poussent cette somme jusqu'à 5 ou
6 millions, on les trouvera facilement. Cette somme
trouvée dans la bourse de Négociants, il faut que le Roi
de Prusse fasse un fonds semblable de 5 à 6 millions
de Livres dans la dite Compagnie: on dira ailleurs
Sa Maj. peut prendre ce fond au moyen de quoi le
capital de la Comp. sera de 10 à 12 millions.

Elle sera à juste titre nommée Compagnie Royale.
Elle aura bâtir les vaisseaux nécessaires mais égaux et
proportionés au Commerce auquel ils seront déstinés, ils
seront construits dans leurs façons de manière qu'ils
puissent dans l'occasion être armés à la Guerre. Avec

le fonds de 10 à 12 millions on peut faire un commerce de 4 à 5 vaisseaux par an, c'est à dire qu'il en faudrait faire construire 12 ou 15 dans l'espace de 3 années. Dans les premiers vaisseaux qui partiront on embarquera les hommes propres à apprendre la marine et le commerce.

Les Retours des vaisseaux de la Comp. donneront au Roi des bénéfices et des hommes expérimentés qui dans la suite deviendront excellents dès qu'ils seront animés par les hommes et les récompenses.

Le Roi de Prusse fera passer à Embden et dans les places voisins une compagnie de deux mille hommes d'infanterie, que l'on disciplinera pour le Service maritime soit pour les abordages soit pour une descente et l'escalave d'une ville ennemie. Si la paix dure prendra chaque année les profits qui lui reviendront de la Compagnie, il y joindra la somme qu'il voudra, ce fond annuel sera employé à bâtir un arsenal de Mer et à le pourvoir de munitions ou bien à construire de vaisseaux pour commencer à établir ses forces maritimes. Si au contraire la guerre se déclare ou qu'il faille se montrer la force pour soutenir le Commerce, moyennant les préalables ci contre, et la discipline établie dans les équipages même de la Comp., en 24 heures les vaisseaux de la Comp. seront des vaisseaux de guerre les uns de 70 canons et les autres de 36. il ne s'agira que d'y embarquer du canon et deux à trois soldats sur chaque navire en proportion des forces respectives, et voilà des vaisseaux de Guerre qui formeront une Escadre d'autant plus redoutable, qu'ils seront commandés par des hommes expérimentés qui pourront aller par tout le monde attaquer les ennemis du côté où ils sont les plus faibles. cet avantage est de grand poids pour un état quand il sait en profiter. et acquerrera au Roi de Prusse une nouvelle considération parmi les Puissances d'Europe.

No. 6.

# A p. p. Hellen à la Haye, touchant la déclaration à faire par rapport à la Compagnie d'Emde.

R. 68. n. 16. J. 1. Vol. II.

1751. 23 Octobre.

La Compagnie de commerce établie à Emde étant sur le point de faire partir ses premiers vaisseaux, il me parait de la bienséance et même de nécessité d'instruire de cet établissement les Puissances maritimes, afin de prévenir, que leurs sujets ne puissent, sous prétexte d'ignorance, traiter les dits vaisseaux d'interlopes et de bâtiments sans aveu et leur faire des avaries.

Mon intention est donc, que vous fassiez connaitre au *Prince d'Orange* et aux *Etats de la République* que divers négociants, tant de la ville d'Emde, que des autres villes de commerce de mes Etats, s'étant associés sous la dénomination de *Compagnie Asiatique*, pour faire un commerce direct aux Indes Orientales, et m'ayant instamment prié de favoriser cette entreprise, et de leur accorder ma protection et la permission, de naviguer sous mon pavillon et sous mes passeports je m'avais pu me refuser à une aussi juste demande, et que je venais de leur faire expédier, l'octroi et les permissions désirées, à condition toutefois, qu'ils s'abstinssent de tout négoce de contrebande et qu'ils ne trafiquassent que dans des ports ouverts à toutes les nations de l'Univers: que comme cette arrangement ne contenait rien qui ne fut dans les règles du droit des gens et de la plus éxacte équité, et dont presque tous mes voisins ne m'eussent donné l'exemple je n'avais pas voulu manquer d'en donner connaissance à L. H. Puissances, et que je me flattais de leur amitié, que bien loin de s'opposer au commerce

8*

de cette Compagnie, ou d'en traverser les opérations. Elles voudront bien donner, des ordres positifs à leurs Amirautés et aux Commandants de leurs ports tant en Europe, qu'aux Indes Orientales, particulièrement dans celui du Cap de bonne espérance, de traiter amiablement les vaisseaux de la dite Compagnie, naviguants sous mon pavillon et sous mes passeports, et de ne pas leur refuser dans le bésoin l'abord l'aiguade et toute sorte de secours et d'assistence, qui s'accordent pour l'ordinaire mutuellement entre des nations qui vivent en amitié et en bonne harmonie.

Il ne serait peut-être pas mal à propos, afin de rendre cette insinuation plus authentique que vous la fissiez par écrit en forme de Mémoire. Je vous le permets, si vous jugez que la chose n'entraîne point d'inconvénient, en quoi je m'en rapporte à votre discernement. Aus surplus vous n'oubliez pas de me rendre un compte éxacte et détaillé, de quelle manière cette notification sera reçue, et ce qu'on y répondra.

à Berlin, ce 23. octobre 1751.

Podevils. Finkenstein.

----

No. 7.

## Mitteilung an den Gesandten in Paris die Errichtung der Asiatischen Compagnie in Emden betreffend.

R. 68 n. 16. J. 1. Vol. II.

1751. 23 Octobre.

Au L.d. Marshal à Paris.

La Compagnie Asiatique établie à Emden étant sur le point de faire partir ses premiers vaisseaux destinés pour les Indes orientales, mon intention est, que vous

fassiez connaitre au Ministère de France que n'ayant
accordé à la dite Compagnie mon Octroi, et la permission
de naviguer sous mon pavillon, et sous mes passeports,
qu' à condition qu'elle s'abstint de tout négoce de contrebande ou d'interlope, et que ses vaisseaux ne trafiquassent que dans des ports ouverts à toutes les nations
de l'Univers, je me promettais de l'amitié de S. M. T. p. p.
que bien loin de trouver à redire à ce nouvel établissement, ou de s'y opposer. Elle voudrait bien la favoriser
et le protéger, et donner des ordres positifs à ses Amirautés et aux Commandants de ses ports, dans l'Europe
aussi bien, que dans ses établissements en Afrique et aux
Indes orientales, de traiter amiablement les vaisseaux de
la susdite Compagnie et de ne pas leur refuser dans
l'occasion, l'abord et les secours, dont ils pourraient avoir
bésoin pour les aiguades, réparations, provisions et autres
nécessités de pareille nature enfin d'en user à leur égard
comme avec des gens, dont la France serait bien aise
de faire proposer le commerce, préférablement à celui
de toute autre nation étrangère, et de leur accorder dans
le bésoin toute l'assistence et les facilités, qui ne se
refusent guères entre des Nations qui entretiennent entre
elle des liaisons aussi étroites et intimes que la mienne
l'est avec la France. Vous glisserez aussi susdits Ministres, mais adroitement et en guise de réflexion, que
j'avais d'autant plus lieu de m'attendre à quelque faveur
pour la Compagnie de la part de la France, qu'une
bonne partie des fonds de cette Société consistait dans
ceux, que les propriétaires, mécontents de la regie actuelle des Compagnies de Hollande et d'Angleterre, en
avaient retirées. De sorte que l'établissement et l'aug-
mentation de commerce Asiatique à Emden, entraînait
naturellement une diminution proportionnée de celui des
deux autres Compagnies, et que la prospérité du négoce

Emplois ne pouvait manquer de trouver indirectement
à l'avantage de la France.

Vous observez cependant, de ne faire cette dernière
insinuation, qu'avec quelque ménagement, et sur le pied
de vos idées particulières, et vous n'oublierez point de
m'informer de quelle manière la proposition sera reçue,
et ce qu'on y répondra.

A. Berlin, 23. octobre 1751.

Podewils. Finkenstein.

---

No. 8.

## Patent, dass von Sr. Königl. Majestät der Hafen zu Emden zu einem Porto franco deklariret worden

d d. Berlin den 15ten Nov. 1751.

R. 68. n. 16. J. 1. Vol. II.

„Wir Friedrich, von Gottes Gnaden, König in
Preussen Tit. Thun kund und fügen hiermit zu wissen;
demnach Unsere Landesväterliche allergnädigste Vorsorge
zu aller Zeit unermüdet dahin gerichtet ist, dass der
Wohlstand und das Aufnehmen Unserer sämtlichen
Unterthanen auf alle mögliche Art befördert und zu dem
Ende das Commercium in Unserem König-Reich, Chur-
Fürstenthum, auch gesamten Unsern Provintzen und
Landen, als die eigentliche und wesentliche Quelle,
wodurch einem Lande und dessen Einwohnern Seegen,
Reichthum und Überfluss zugeführet wird, immer mehr
und mehr verbessert in rechten Flor gebracht und darinn erhalten, mithin alles dasjenige, was dem entgegen
oder hinderlich seyn kan, aus dem Wege geräumt werden möge: So haben Wir in solcher Absicht, besonders
aber, um das wahre Beste unserer Stadt Emden und
derselben Commercium um so viel stärcker zu befördern

und florisanter zu machen aus allerhöchsteigener Bewegung resolviret und zuträglich erachtet, den Hafen zu Emden zu einem Porto franco zu declariren: Also und dergestalt, dass alle und jede daselbst ankommende Schiffe und Kaufmanns Güther, sowohl Einheimische und Fremde, von welchen Puissances, Republiquen, Staaten, Ländern und Nationen letztere nur immer seyn können und mögen, bey ihrem Ein- und Auslauffen in den Hafen zu Emden frey von allen Importen und Auflagen seyn, mithin alle diejenigen Rechte, Immunitäten und Vortheile zu geniessen und derselben sich zu erfreuen haben sollen, welche einem Porto franco beygelegt zu werden pflegen, und würklich beigelegt sind:

Wannanhero dann auch ausser dem gewöhnlichen leidlichen Hafen- oder sogenannten Tonnen- und Barcken-Gelde, so von den Schiffen entrichtet wird, alle diejenigen Waaren, welche von den ankommenden fremden oder einheimischen Schiffen zu Emden eingeführet, oder von dort wiederum abgeführet werden möchten, und nicht in Emden oder in Ost-Friessland consumiret werden, von Licent und allen Imposten gäntzlich eximiret und befreyet sein sollen: Was aber in Emden oder in andern Ostfriesischen Städten, oder auf dem platten Lande consumiret wird und aus Emden komt, muss in Emden den Licent entrichten.

Gleichwie aber nicht weniger nöthig seyn will, hierbey zugleich dahin mit zu sehen, dass denen fabriquen und Manufakturen, welche künftighin in Unserm Fürstenthum Ost-Friessland etablieret werden dürften, das nöthige Encouragement zu deren fleissigen Betreibung und stärckere Poussirung nicht benommen werde: So reserviren Wir Uns zwar hiernächst, wenn sothane Fabriquen zu einiger Vollkommenheit gediehen seyn werden, selbigen zum Besten dergleichen dort eingehende fremde Manufactur- und Fabriquen-Waren mit einigen Imposten zu belegen: Werden aber jedoch das Publicum vorher in Zeiten avertiren lassen. damit sich jedermann so vielmehr darnach achten könne.

So viel aber diejenige Manufactur-Waaren betrifft. welche in Unserm diesseitigen Königl. Provintzien fabricirt werden, so ist Unser allergnädigster Wille, dass selbige frey von allen Auflagen in gedachtem Hafen zu Emden ein- und auslaufen sollen, können und mögen.

Welche Unsere höchste Willens-Meynung, damit sie so vielmehr zu jedermanns Wissenschaft gelange. Wir. durch den Druck bekannt zu machen. allergnädigst gut gefunden und befohlen haben.

Uhrkundlich unter Unserer höchsteigenhändiger Unterschrift und beygedrucktem Königlichen Innsiegel.

So geschehen und gegeben zu Berlin den 15. November 1751.

Friederich.

(L. S.)

— · · —

No. 9.

R. 96. 423. B.

Das erste Schiff: „der König von Preussen" wird angegeben, 150 Fuss oben lang, 38 Fuss breit, 19—20 Fuss tief, mit der Ladung ist besetzt mit 120 Matrosen. 12 Grenadiers, 36 Canons.

An Waaren nimmt es nicht mehr mit, als einige feine Tücher und Ettaminns aus Berlin eine partie Bley, alls übrige in Gold für den Hoppo oder den Gouverneur in Canton ist zum Geschenk etwas Silberzeug als Tee Kessel in Berlin gekauft auch 2 stück Blau Sammet. Das Schif mit seinem Zubehör wird wol 40 000 Pfd. in London gekostet haben.

Capitain ist A. Tomson ein Schotländer,
Erster Lieutenant P. von Stoorn aus Emden,
Zweiter Lieutenant P. Colberg aus Stockholm,
Ober Steuer-Man H. Sidenburg aus Ost-Friesland,
Zweiter Steuer-Man E. Folkert aus Amsterdam,
Dritter Steuer-Man Pinscher aus Stockholm,
Ober Carga Th. Stuart aus Amsterdam,
Zweiter Carga G. de Bock aus Antwerpen,
Dritter Carga Th. Frölich aus Strassburg,
Schifs-Buchhalter Cl. Westendorp aus Amsterdam,
Assistent J. Schartoid aus Magdeburg,
Zweiter Assistent H. Correch aus Batavia,
Schifs-Prediger Metzger aus Darmstad,
Capitain Militair de Sulles aus Navarra,
Ober Chirurgin W. Alves aus Schotland,
Zweiter Chirurgin J. Riemer aus Blankenburg.

No. 10.

# Abrechnung in der General-Versammlung der Directeurs in Emden.

vom 15ten May bis zum 8. Juny 1752.

Rep. 96. 423. C.

Einnahme.

An actien sind debitiret:

120 von dem Hof Rath Schmid in Frankfurth.
 26 von dem Tegel in Emden
 30 von dem Kronenfels in Emden
 74 von dem Pottere in Emden
 55 von dem Dillon in Rotterdam
 70 von dem Forbes in Rotterdam
109 von dem Splitgerber in Berlin
260 von dem Schütze in Berlin

705 von dem Ertborn in Antwerpen
20 von dem Faber in Amsterdam
110 von dem Philipsen in Hamburg
62 von dem Köppe & Häusler in Magdeburg
12 von dem Morel in Gent
25 von dem Jürgens in Bremen
20 von dem Altena in Leenwarden
10 von dem Crügern in Stockholm
14 von diversen Persohnen in Emden

1722 action, jede à 500 Thlr. = Capital von 861.000 Thlr.

## Ausgabe.

375200 sind ausgegeben für das Schiff der König von Preussen, als

69900 für den Ankauf und die ganze Ausrüstung
24600 für Victualien und 3 Monath Gage
15700 an allerhand Waaren, so das Schif mitgenommen.
216000 baar Geld an Piastres, zum Einkauf in China
49000 Premien der Assuranz-Gelder bezahlt

375200 Thlr.

309845 sind ausgegeben für das Schif, die Burg von Emden, als

42900 Ankauf und Ausrüstung des Schifs
23000 Victualien und 3 Monath Gage
200000 an Waaren und Piastres
43945 Premien der Assuranz

309845 Thlr.

175955 baar in Cassa, oder auch ausstehend bey den
861000 Summa                    [Collecteurs.

Von der Assuranz.

177000 Thlr. hoch sind beyde Schiffe in London
   assecurirt à 16$^{1}/_{16}$ $^0/_0$ Premie
160000 Thlr. hoch sind beyde Schiffe in Rouen
   assecurirt à 10 $^0/_0$ Premie
60000 Thlr. hoch sind beyde Schiffe in Hamburg
   assecurirt à 14 $^0/_0$ Prämie
10000 Thlr. sind assecurirt von diversen particuliers
63000 Thlr. sollen noch assecurirt werden in Copenhagen
470000 Summa, wie hoch beide Schiffe assecurirt
   worden.

No. 11.

## Ankündigung der Güterversteigerung des Schiffes „König von Preussen" vom 25. August 1753.

Kabinetts-Acten König Friedrich's II.

R. 96. 423 D.

1753. 25. Aug.

Die Königl. Preuss. octroyirte Asiatische Compagnie
zu Emden wird Montags den 27ten Aug. c. und in den
folgenden Tagen, die unten specificirte Güter, so das
Schiff, der König von Preussen genannt, aus China gebracht hat, auf folgende Conditiones öffentlich an die
Meistbietende verkaufen.

1) Alle Güter sind frey von dem ausgehenden Zoll,
auf Waag und Krahn Geld, und zahlen bloss 1 pro
Mille für die Armen, welches der Käufer geben muss.

2) Die Güter werden verkauft auf Bezahlung in
Friedrichsd'or zu Emden, die Ausländer aber können
auch in folgenden Häusern Zahlung leisten, gegen ein
recepis

zu Amsterdam bey Raimond und Theodor de Smeth,
auch bei Peter Cocqvell.

zu Antwerpen bey Franz Emanuel von Ertborn.

zu Berlin, bey Splitgerber und Daum, auch bey Friedrich
Wilhelm Schütz

zu Frankfurth am Mayn bei Johann Friedrich Schmid

zu Hamburg bey Johann und Cornelius Berenberg

zu Altena, bey Johann Daniel Baur.

Diese Recepissen lauten insgesamt à Visto auf ordre
und die Compagnie nimmt solche vor baare Anzahlung
an, auch wol auf folgende Wechsel-Coursen

Reichsthlr. 100 banco zu Amsterdam von Reichsthaler
143 Friedrichsd'or.

Reichsthlr. 100 courant zu Amsterdam 136½ Friedrichsd'or
floren 100 Wechsel-Geld zu Antwerpen 56 Friedrichsd'or
Reichsthlr. 100 Friedrichsd'or zu Berlin und Frankf.
160 Friedrichsd'or

Reichsthlr. 100 banco zu Hamburg vor Reichsthlr. 144
Friedrichsd'or.

Die Preise werden bey der licitation heruntergelassen bey Stübern, Reichsthaler und Friedrichsd'or.
1 Reichsthaler ist 54 Stüber.

3) Die Güter werden verkauft mit dem Compagnie-Gewicht, so dem Amsterdamschen Gewicht gleich ist,
und aus Brabandschen Elen.

4) Jeder Käufer muss ¼ seines Einkaufs in den
2 ersten Tagen nach geendigtem Ausruf in natura oder
mit recepissen abzahlen, sonst sollen seine gekaufte
Güter sogleich wieder an den Meistbietenden verkauft
werden, auf sein risico.

5) Niemand soll einige Güter aus dem Packhause
abfordern, bevor er sie willig bezahlet hat, und einen
Empfangschein, von 2 Directeurs unterschrieben, dem
Packhauss-Meister einliefert.

6) Wer innerhalb 30 Tagen nach geendigtem Ausruf sein Conto bezahlt, kan 2 pro Cent decourtiren, wer bezahlt innerhalb noch anderer 30 Tagen, kriegt weiter nichts vergütet, als 2 pro Cent von dem 4tel, so laut § 4 gleich abgezahlet ist.

7) Wer innerhalb diesen 60 Tagen nicht alles bezahlt, dessen Güter sollen auf sein Risico von neuem verkauft werden, und im Fall Vortheil dabey ist, behält solchen die Compagnie.

8) Die Güter müssen längstens innerhalb 3 Monath nach dem Verkauf abgeholt werden, sonsten zahlen sie wöchentliche Packhaus-Heuer, und stehen auf risico des Käufers.

9) Die Compagnie bezahlt ½ pro cent Courtage von dem netto montant der gekauften Güter, und wird solches dem Käufer auf der Rechnung gut gethan, um seinen Mäckler davor zu contentiren oder wenn er keinen Mäckler gehabt, es selbst zu behalten.

Sago . . . . . 450 Pfd.
1 Sack à 225 Pfd. wird mit einmal verkauft
Radix china . . . 5700 Pfd.
3 Säcke, jeder à 400 Pfd. mit einmal
Galgant . . . . 6400 Pfd.
3 Säcke, jeder à 350 Pfd. mit einmal
Rabarber . . . . 2067 Pfd.
1 Kiste von 175 Pfd. wird mit einmal verkauft.
Curcuma . . . . 7700 Pfd.
10 Säcke, jeder von 54 Pfd. mit einmal
Perl-Mutter . . . 8900 Pfd.
1000 Pfd. mit einmal
Stern-Anys . . . 235 Pfd.
1 Pack von 117 Pfd. auf einmal
Cinnabria nativa. Berg-Zinnober 122 Pfd.
10 Päckchens werden zugleich verkauft, jedes von 1¼ Pfd.

Quick-Silber . . . 245 Pfd
 60 Pfd. mit einmahl.
Antimonium . . . 245 Pfd.
 120 Pfd. mit einmahl.
Borax . . . . . 245 Pfd.
 120 Pfd. mit einmahl.
Campher . . . . 130 Pfd.
 wird mit einmahl verkauft.
Alaun . . . . . 325 Pfd.
 wird in 2 Packen verkauft.
Aloë . . . . . 160 Pfd.
 wird in 2 Packen verkauft.
Drachen-Blut . . 122 Pfd.
 auch in 2 Packen.
Muscus . . . . $8\frac{1}{2}$ Pfd.
 wird allemal 1 Pfd. verkauft.
Tée boey . . . 451730 Pfd.
als 1190 Kisten. jede à 280 bis 370 Pfd. netto.
2 Kisten werden zusammen verkauft.
90 Kisten, jede à 132 bis 170 Pfd. netto. 4 Kisten.
200 Kisten, jede à 85—111 Pfd. netto.
6 Kisten werden zusammen verkauft.
270 Kisten, jede à 57 Pfd.—73 Pfd. netto.
8 Kisten werden zusammen verkauft.
12 Kisten, jede à 460—480 Pfd. netto.
 jede Kiste wird allein verkauft.
6 Kisten, jede à 470—495 Pfd. netto.
 Kistenweiss zu verkaufen.
3 Kisten, jede à 530—560 Pfd. netto.
 Kistenweiss zu verkaufen.
2 Kisten, jede à 356—385 Pfd. netto.
 Kistenweiss zu verkaufen.
9 Kisten, jede à 198—246 Pfd.
3 Kisten werden zusammen verkauft.

Teé Congo 65832 Pfd.

50 Kisten, jede à 73 Pfd. netto. prima sort.

4 Kisten werden zusammen verkauft.

839 Kisten, jede à 73 Pfd. netto zweite sort.

4 Kisten zusammen verkauft.

Teé Pecco 2919 Pfd.

2 Kisten, jede à 490 Pfd. netto.

1 Kiste ist allemahl zu verkaufen.

1 Kiste, jede à 398 Pfd.

mit einmal.

2 Kisten, jede à 130 Pfd.

mit einmal

Teé Soatchon 14455 Pfd.

200 Kisten, jede à 72 Pfd. netto.

3 Kisten zusammen.

Teé Singlo 5642 Pfd.

42 Kisten, jede à 125—140 Pfd. netto.

2 Kisten zusammen.

Teé Haysan 6100 Pfd.

80 Kisten, jede à 59—67 Pfd. netto.

2 Kisten zusammen.

9 Kisten, jede à 117 Pfd. netto.

1 Kiste allemal.

Rohe Seide 3040 Pfd. in 35 Packen, jedes à 87 Pfd. netto.

1 Pack allemal.

### Seidene Stoffen.

| | Breite | Länge | Drätig |
|---|---|---|---|
| | Covid. Punt. | Covid. | Covid. |
| 60 Stück meuble Damasten | 2. — | 45. | 10. |

NB. Covido ist eine indianische Ele deren 8 machen 5 Elen Braband.

als 20 Stück Cramoisi

20 Stück Jonquille

20 Stück Grassgrün

1 Covido = 8 Puntos. (10 Stück werden zusammen verkauft).

Breite     Länge  Drätig
Covid. Punt. Covid.

794 Stück Poesies Damasten von 18 couleuren

2. — 45. 8.

(25 Stück allemal zugleich verkauft.)

28 Stück dito von 2 couleuren

2. — 45. 8.

(14 zusammen verkauft.)

30 Stück gestreifte Damasten 2. — 45. 8.

(20 St. zus. verk.)

237 Stück Gorgorons von 19 couleuren

2. — 45. 8.

20 Stück zus. verk.)

18 Stück dito von 3 couleuren

2. — 38. 6.

(zus. verk.)

90 Stück bont de soies 17 couleuren

2. — 45. 10.

(20 zusammen).

14 Stück dito von 5 couleuren

2. — 45. 12.

(zusammen).

82 Stück Satyne von 15 couleuren

2. — 45. 8.

(20 Stück zusammen).

172 Stück Pequins von 20 couleuren

2. 2. 38. 6.

45 Stück dito von 12 couleuren

2. 2. 50. 6.

(25 Stück zusammen).

89 Stück dito von 10 couleuren, 25 Stück zusammen.

2. 2. 45. 6.

270 Stück dito von 9 couleuren, 25 Stück zusammen.

2. 2. 38. 4.

|  | Breite | Länge | Drätig |
|---|---|---|---|
|  | Covid. | Punt. | Covid. |

32 Stück dito von 2 couleuren, 10 Stück zusammen.

2.     2.     38.     6.

60 Stück dito geschildert 10 Stück zusammen.

2.     2.     38.     4.

110 Stück Lustrins von 12 couleuren, 20 Stück zusammen.

2.     2.     38.     8.

13 Stück Lampas von 5 couleuren, 6 Stück zusammen.

1.     6.     38.

3 Stück dito von 5 couleuren, 6 Stück zusammen.

2.     —     45.

18 Stück ungeschoren Samt, 3 Stück zusammen.

1.     6.     40.

als carmoisin, blau und olivenfarbe.

138 Stück Tonquinse Pelongs, 30 Stück zusammen.

1.     7.     26.

Schnupftücher 20 Stück, jedes hat 20 Tücher,
4 Stück zusammen, blau und weiss.

Gelbe Nanquins 3000 Stück, 100 Stück zusammen.

Porcellan    227 diverse Services

        71 emaillirte Terrins mit Deckel und
           Schüssel.

         5 blaue und weisse dito

      318 emaillirte Salatières

    1014 emaillirte Suppenteller

    2910 dito Taffel-Teller mit Gold

    1446 Chinesisch-Japanisch dito

     110 emaillirt 8eckige dito mit Gold

    8653 blaue und weisse dito

    1721 diverse emaillirte Punsch-Kumpen

    2250 Kumpen ⎫
               ⎬ blaue und weisse Marseille
    2275 Schaalen ⎭

     320 geschilderte Kumpen

3250 Kumpen }
3250 Schalen } geschildert mit Gold

3045 blaue und weisse Kumpen

3440 halbe dito

  150 Nest Kumpen

   80 Nacht Geschirre

   14 emaillirte 8eckige Aufsätze

   24 dito etwas kleiner

   30 dito noch kleiner

  220 diverse Thée-Services

   35 Services, bestehen aus 6 Ober-, und
       Unter-Tassen, aus 1 Thee Topf

  239 geschilderte Thee Töpfe

  181 emaillirte dito

  192 blaue und weisse dito

1422 Chocolade Ober- und Unter-Tassen

  180 dito Tassen mit Deckeln

49750 paar diverses Koffée Zeug

51877 paar diverses Thee Zeug

Von welchem allen die Eintheilung der Loosse in
dem Packen Buch specifice zu sehen seyn soll.

Noch sind diverse von den Schiffsleuten mitgebrachte
Güter an Thee, Porcellan und seidenen Stoffen zu ver-
kauffen, deren specification auch in dem Pack-Buch ge-
zeignet werden wird.

            ————

### No. 12.

**„Passeport vor zwei Schiffe der Asiatischen
Compagnie, der König und der Prinz von
Preussen genant, so nach Canton abgehen
sollen".**

Vom 23. Nov. 1753. R. 68. n. 16. J. 1. Vol. II.

Nos Fridericus, divina favente clementia Borussiae
Rex, T. A. Tit., serenissimis, celsissimis, illustrissimis,

potentibus, nobilissimis. nobilibus, prudentissimis, pruden-
tibus Regibus, Electoribus, Rebus publicis, Ducibus,
Principibus, Consulibus, Baronibus, Comitibus, Sena-
toribus, navium praefectis, Judicibus et Regentibus cuius-
libet civitatis, Portus et loci, qui hasce terra marive
visuri aut lecturi sunt, Salutem, Votum testatumque
facimus. nos potestate et auctoritate Regia, indulsisse et
dedisse facultatem, uti tenore praesentium indulgemus et
damus, *Societati Commerciorum Asiaticae in Urbe Emdana*
stabilitae, instruendi navem cui nomen *Rex Prussiae*
et praeest capitaneus . . . ., Societati huic propriam
vehentem circiter . . . dolia, armatam . . . tormentis
bellicis et eam tot viris, cibariis, bombardis, pulvere
tormentario, seu pyrio aliisque necessariis muniendi, ut
ex porto Emdano, sub *Vexillo nostro Regio, Quancheum*
urbem, in Imperio Sinensi sitam, vulgo Canton dictam,
petat negotiandi et commercandi gratia, ubi comportare,
vendere et permutare poterit, sua mercimonia et hinc
talia referre Emdam ibique merces suas exonerare et
vendere valeat. Ideoque omnes et singulos ad quos
pertinet, hisce respective rogamus et requirimus, ut
praedicto Capitaneo, officialibus, Nautis et apparatui sus-
navali, cum omnibus mercibus, quibus praefata navis
onerata erit, tam in itinere ad dictam urbem, quam in
reditu, nullum impedimentum afferant, sed potius omnem
opem, subsidium, auxiliumque benevole exhibeant, eos
comiter accipiant et omni libertate et potestate appelandi
navem, si forte tempestate afflicta et labefacta fuerit,
instaurandi, navigandi, transeundi et negotiandi, quae
aliis amicis nationibus in unoquoque loco concedi solet,
amicabiliter frui sinant, ea tamen expressa lege, ne
praedictus Capitaneus iis in locis quae tam in Africa,
quam in India orientali, ad Societates Europaeas, Prin-
cipum aut Dominorum suorum privilegia munita per-

9*

tinent, aut ubi una quaedam Natio, exclusis reliquis, sola sibi ius mercaturae exercendi vindicat, ulla negotia gerere praesumat. Quae praefato Capitaneo eiusdemque in eadem navi itineris commerciorumque sociis exhibita beneficia ac humanitatis officia, nos data occasione pari benevolentia relaturos esse spondemus ac promittimus. In cuius rei fidem praesentes has nostri salvi conductus atque itineris literas manu propria subscripsimus easdemque sigillo nostro Regio muniri iussimus.

Dabantur in Regia nostra Berolinensi anno separato salutis Milesimo septingentesimo et quinquagesimo tertio, Regni vero nostri decimo quarto.

---

No. 13.

Rep. 96. 423. E.

Carga van't Koninglick Pruissise Asiatise Compagnies Schip, genoemd de Burg van Embden, d. 4. Decemb. 1753, van Canton in China vertrocken, en d. 28. May 1754 op de Reede van Embden gelukkig gearriveert.

435427 Pt. Thee Boey
46536 Pt. Thee Congo
65543 Pt. Thee Soatchon
1000 Pt. Thee patri Soatchon
21510 Pt. Thee Singlo
589 Pt. Thee Haysan
4604 Pt. Thee Pecko
2011 Pt. Sago
11980 Pt. Galanga .
98000 Pt. Spianter
2484 Pt. Rabarber
145 Stuck Meuble Dammasten
30 Stuck gestreepte dito
124 Stuck Poesie Damasten

116 Stuck Lustrins
50 Stuck Sattins
144 Stuck Pous de Soies
30 Stuck Gebloemte dito
764 Stuck Pequins geschildert en effen
22 Stuck Lampas
254 Stuck Pelongs
250 Stuck Gorgosors
16 Stuck gebloemte Triomphant
46 Stuck diverse Seidens Stoffen
12 Stuck Neusdocken
1900 Stuck geele Nankings
169 Kisten ⎫
1080 Kisten ⎬ Porcellain
43 Tobben ⎭

—

No. 14.

## Michell an das Auswärt. Amt mit Relation du 6ᵉ jan. 1758.

R. 68 n. 16 J. 1 Vol. III.

1758. 6. Januar.

Ayant reçu les jours passés près couvert marchand les ordres en Dup.: de Votre Majesté du 18ᵉ du passé touchant la vente du vaisseau *le Prince Ferdinand* qui se trouve à Plymouth, j'ai fait venir hier chez moi les Srs Teegel et Amyand pour traiter entr'eux-là dessus, sans attendre la réponse à la dépêche que j'avais adressée aux ministres de Votre Majesté en dernier lieu sur cette matière. et j'ai engagé le premier à les informer aux mentions des directeurs de Berlin et de laisser agir le Sr Amyand pour traiter: à quoi il a consenti, ainsi que les ministres de Votre Majesté le verront

par la lettre ci-jointe, en condition cependant que le
produit de la vente de ce vaisseau reste ici entre les
mains de la Compagnie des Indes, à moins que Votre
Majesté n'en ordonne directement autrement, ou que la
majorité des directeurs n'en tombent d'accord entr'eux,
condition que m'a paru d'autre au plus raisonable qu'elle
pourvu que le Sʳ Teegel n'avait point de mauvaises
intentions, et que si les directeurs de Berlin s'y opposent
ce sera plutôt eux qui empruntent être sages (?) que lui.
En conséquence de cet arrangement, j'ai écrit aux directeurs de la Compagnie anglaise d'ici de traiter la vente
dudit vaisseau le Prince Ferdinand avec le Sʳ Amyand,
en ai parlé ce matin aux ministres, et ai fortement ré-
commandé à cette Compagnie de finir l'affaire au profit
réciproque d'un chacun de sorte que j'espère que tout
ira bien, et que je sortirai enfin de cette commission qui
m'a beaucoup donné de peine et de chagrin jusqu'ici,
et qui mériterait que la Compagnie m'en témoigne sa
réconnaisance un peu plus efficacement que par des pa-
roles, d'autant qu'il faudra encore obtenir un acte de
pactement pour que la Compagnie anglaise puisse avoir
la liberté de faire bachat en question qui sans cela
serait contre les lois.

---

No. 15.

## Balance vom „Prinz Ferdinand de Prusse"
### vom 16. Januar 1759.
### R. 96. 423 E. Kabinettsakten.

Verkauf: 120 540 Lv. = 723 240 Thlr.
Pour Sa Majesté    =  21 697  „

701 543 Thlr.

701 543 Thlr.

L'éstimation du Vaisseau
Le Prinz Ferdinand, qui
est à Londres        32 744    „

734 287 Thlr.

Le capital de Sortie 330 000
Le Vaisseau neuf avec
équipement et assurance 140 160
Les payements aux
Supercargas, officiers
matelots        106 127

576 287      576 287    „

158 000 Thlr.

Reviendra nett profit aux
Intéressés de la Compagnie.

No. 16.

**Schreiben der Schütze'schen Erben zu Berlin,
die Verwendung eines aus der Asiat. Handlungs-Compagnie herrührenden Betrags betreffend.**

R. 68 n. 16. J. 1. Justiz-Depart.

1795. 22. Juli.

Allerdurchlauchtigster Grossmächtigster König,
Allergnädigster König und Herr!

In der Handlungskasse unseres verstorbenen Erblassers, des Geh. Commercien-Rath Schütze, befinden
sich 6147 Reichsthaler 19 Gr. in Golde, welche zum
Fond der aufgegebenen Asiat. Compagnie gehören. Nach
den Büchern und vorhandenen Nachrichten hat es damit
folgenden Zusammenhang.

Der Erblasser war nebst dem gleichfalls verstorbenen Banquier Schickler Director der gedachten Compagnie gewesen. Als sie im Jahre 1757 aufhörte, zog man ihre Fonds nach und nach ein und vertheilte solche unter die Inhaber der Action. So geschahen in verschiedenen Zwischenräumen vier Auszahlungen. Der Erblasser besorgte solche an die in hiesigen Gegenden wohnenden Inhaber, und davon schreiben die noch vorhandenen Sechs Tausend Ein hundert Sieben und Vierzig Reichsthaler 19 Gr. sich her. Sie sind aller Wahrscheinlichkeit nach die Antheile unbenannter Actionairs, für welche sie bisher zur Auszahlung bereit gelegen haben, deren Erhebung jedoch unterblieben ist. Wir tragen Bedenken, uns mit diesem Gelde weiter zu befassen, und sind vielmehr bereit, solche zur weitern rechtlichen Verfügung sogleich ad depositum judiciale zu zahlen. Indess sind wir ungewiss, welches Gericht in der Sache für competent zu achten sey: auch wird es wegen des weiteren Verfahrens eine Allerhöchste Verfügung bedürfen. Ew. Königl. Majestät bitten wir daher allerunterthänigst:

1. uns zu bescheiden, an welches Gericht die Sechs Tausend Ein hundert Sieben und Vierzig Reichsthaler 19 Gr. in Golde gezahlt werden sollen,

2. diesem Gericht sowohl wegen Annahme des Geldes als wegen des weiteren Verfahrens die erforderliche Anweisung zu ertheilen.

In tiefster Ehrfurcht ersterben wir

Ew. Majestaet

allerunterthänigst gehorsamst

Schütze sel. Erben.

Berlin, den 22. Juli 1795.

Durch die Disponenten der Handlung:

Lieberkühn. Zehender.

No. 17.

## Resolution für die Erben des verstorbenen Geh. Commercien-Rath Schütze.

R. 68 n. 16. J. 1. Just. Dep.

1795. 27. Juli.

Berlin, den 27. Juli 1795.

S. K. M. v. Pr. lassen den Erben des allhier verstorbenen Geh. Commercien-Rath Schütze wegen der in
der Handlungs-Casse dieses ihres Erblassers sich befindenden zum Fond der aufgegebenen Asiatischen
Compagnie gehörenden 6147 Thlr. 19 Gr. in Golde
unterm 22. d. M. eingereichte Vorstellung hiedurch zur
Resolution ertheilen:

dass, da die Vorladung der unbekannten Interessenten
ohne Zweifel für das Justitz Collegium der Provinz, in
welcher das Object befindlich ist, gehöret, und die
Gelder wenn sie legali modo aufgebothen werden, ohne
dass ein rechtmässiger Eigenthümer sich dazu meldet
und legitimirt, als ein Bonum vacans dem Fisco zuzu-
erkennen seyn würden, die Supplkt diese 6147 Thlr.
19 gr. ad depositum des Cammergerichts einzuzahlen
haben, diesem Collegio aber auch, sowie dem von selbigen
etwa zu ernennenden Instruenten ingl. dem fiscalischen
Bedienten, welchem der Betrieb der Sache aufgetragen
werden möchte, die in den Büchern und Schriften des
Erblassers befindlichen Nachrichten getreulich und un-
weigerlich suppeditiren müssen.

Sign. Berlin den 27. Juli 1795.

ad mandat.

An das Cammergericht.

Fr. Wilhelm König p. p.

Was die Erben des allhier verstorbenen Geh. Com-
mercienraths Schütze wegen der in der Handlungs Casse

ihres Erblassers sich befindenden und zum Fond der aufgehobenen Asiatischen Compagnie gehören, den 6147 Thlr. 19 Gr. in Golde unterm 22 hujus vorgestellet haben, und welchergestalt sie dato darauf beschieden werden, solches geben Wir Euch aus den abschriftlichen Anlagen des mehreren zu ersehen, mit dem gnädigsten Befehl, diese 6147 Thlr. 19 gr. bei Euch ad depositum anzunehmen, einem fiscalischen Bedienten den ferneren Betrieb der Sache auszutragen, denselben anzuweisen, dass er sich nach der eigentlichen Bewandtniss bei den Supplikanten und sonst näher erkundigen, sich die erforderlichen Data zur etwanigen Ausmittelung der eigentlichen Interessenten von selbigen an die Hand geben lassen oder auf andere Weise alles Fleisses zu verschaffen bemüht seyn, eventualiter aber das Aufgeboth dieser Sume, als eines boni vacantis ordnungsmässig extrahiren solle.

Gegeben 27. Juli 1795.

ad mandat.

----

## No. 18.
## Resolution pour le Sr. Harris.
### R. 68. u. 16. J. 2. Ausw. Dep.

Le Roi a bien voulu accorder au Sr Harris, sur la très humble demande qu'il en a fait, des pleinpouvoirs et une lettre de créance à tous les Princes de l'Asie et des Indes. Comme cependant il pourrait arriver des cas, où ce caractère fut exposé à quelque insulte dans la personne du Sr Harris, Sa Majesté a jugé à propos de faire expédier cette lettre de créance en double, afinque selon l'exigence des cas. le Sr Harris puisse se servir de l'un ou que la Compagnie de Bengale puisse remplir l'autre par le nom d'une autre personne moins sujette à des accidents. Sa Majesté se promet de la fidélité et de la circonspection du S^r Harris, qu'il prendra toutes les mesures possibles pour ne pas exposer le caractère, dont elle l'a revêtu, à aucune insulte et qu'en cas d'un danger imminent, il déchirera le pleinpouvoir dressé de son nom.

Pour une plus grande sûreté le S^r Harris fera bien, de gagner ici à Berlin au plutôt le droit de Bourgeoisie, afinque la qualité du véritable sujet de Sa Majesté soit d'autant mieux constatée.

Podevils  Finkenstein.

---

No. 19.

## Creditif et pleinpouvoir vor den John Harris, um mit den Orientalischen Mächten zu tractiren.

R. 68. n. 16. J. 2. Ausw. Dep.

Nos Fridericus D. G. Borussiae Rex, Tit. Tit. notum testatumque facimus. Cum aliqui subditorum nostrorum in Portu nostro Emdano naves aliquot instruere et navigationem commerciorum causa ad urbem Regnumque Bengala ad alias adjacentes Indiae oras suscipere constituerint necessarium esse ducimus, ea occasione legationem ex aula nostra ad Potentias istarum Regionum mittere, per quam auctiora amicitiae et commerciorum vincula cum eis contrahere queamus. Contulimus hanc provinciam spectabili fidelique nobis dilecto Johanni Harris subdito nostro. Cum vero haud facile sit praevidere, quibusnam cum Potentiis in specie tractare ei contigere poterit et idcirco particularibus literis fiduciariis ad singulos Indiae principes eum munire non possimus, hinc praedictum Johannem Harris *Legatum nostrum Extraordinarium* ad Serenissimum Imperatorem Indostani et adjacientium ditionum, nec non ad omnes Reges,

Principes, aliasve Potentias et status Asiae et Indiarum constituimus et plenam potestatem ei concedimus pro re nata amicitiae et commerciorum foedera nostra nomine ineundi et omnia ea tractandi et concludendi quae ex usu nostro esse et ad commodum Societatis Commerciorum Bengalensis spectare poterant. Requirimus ergo et enixe rogamus omnes, ad quorum oculos praesentes hae pervenerint, paediominatum Johannem Harris ut legatum Nostrum Extraordinarium benigne suscipere, et ei plenam fidem in iis quae nomine nostro tractavit, adhibere velint. Spondemus vicissim verbo regio, nos ratum gratumque esse habituros, quidquid supradictus Harris ita transegerit et concluserit.

Praeterea Harrisio adhuc facultatem damus, literas liberi commeatus concedendi navibus quae usui Societatis Bengalensis inservire poterunt, nec non officia militaria ad securitatem commerciorum eiusdem societatis conferendi iudicia bellica habendi et in genere cuncta peragendi, quae ad prosperos successus huius Societatis ulla in re facere possunt. In maiorem huius rei fidem, hasce Sigillo nostro Regio maiori munitas, manu propria subscripsimus.

Dabantur in Regia nostra Berolinensi die 18. Dec. 1753.

Podevils. Finkenstein.

## Acte de permission pour la Compagnie de Bengale de porter dans son pavillon les armes Royales à la place de l'aigle noir.

R. 68. n. 16. J. 2. Ausw. Dep.

1754. 4. Februar.

Nous Frédéric par la grâce de Dieu Roi de Prusse faisons savoir, que sur les très humbles réprésentations, qui nous ont été fait par les directeurs de la Compagnie

de Bengale établie à Emden, nous avons accordé comme
nous accordons par la présente à la dite Compagnie de
Bengale la permission de porter nos armes Royales dans
les pavillons de leurs vaisseaux, au lieu de notre aigle
noir et de s'en servir selon les occurences. En foi de
quoi nous avons signé ces présentes.

Berlin le quatre février 1754.

Podevils. Finkenstein.

---

No. 21.

R. 68. n. 16. J. 2. Answ. Dep.

1754. 26. Februar.

Nous Frédéric par la grace de Dieu, Roi de Prusse.
Au très Illustre et Excellent Prince. Gouverneur et
Generalissime de la Province de Moxadarade Notre
cher et bon ami salut. Plusieurs marchands, sujets de
Notre Couronne, Nous ayant représenté, qu'ils avaient
dessin, de former une Société dans Nos Etats, pour
entreprendre un commerce dans l'Empire d'Indostan, et
particulièrement dans les provinces soumises à Votre
Gouvernement, s'il Nous plaisait d'approuver cette entreprise et de la protéger; Nous n'avons hésité d'agréer
leur prière et de leur accorder les octrois dont ils
pourraient avoir besoin à cette fin: Et comme Nous
n'avons nul sujet de douter, que Vous ne concourriez
avec plaisir à une oeuvre aussi salutaire, et aussi avan-
tageuse, à Vos propres provinces Nous Vous requerons
amiablement, de vouloir bien accueillir favorablement les
vaisseaux, que la susdite Société enverra dans Vos ports,
de leur prêter Votre assistence contre tous ceux qui
voudraient troubler ou embarasser leur navigation et
leur commerce, et de leur accorder la sûreté, les avantages
et les faveurs et libertés, dont jouissent les autres nations

européennes qui ont fait jusqu'ici commerce dans Vos
ports. Sur ce nous prions Dieu qu'il Vous ait très
Excellent Prince dans la sainte et digne garde.

Fait à Berlin ce 26 février.

Podevils.  Finkenstein.

Au Nabab de Bengale.

<hr>

No. 22.

## Schreiben der Direktoren der Bengalischen Kompagnie zu Emden, die Wegnahme des „Hardwick" betreffend.  25. November 1756.

R. 68.
1756. 25. November.

Les directeurs de la Compagnie Royale Prusienne
de Bengale d'Emden: J. Depestre, Pittenseins, Carpentier.

Remontrent très humblement qu'ayant plû à Votre
Majesté d'accorder article 5 de l'octroi, sa protection à
la dite Compagnie de la manière la plus efficace qu'il
sera possible, elle se trouve dans le cas de la réclamer,
en exposant de quelle manière le Ministère de Londres
a fait saisir le vaisseau le *Hardwick*, et la perte que cet
injuste arrêt a causé, par du factum ci-joint avec leurs
comptes annexées qui s'élèvent à fl. 111050—1—5,
d'Emden pour la Comp. p. p. 30023—17—3 pour les
prétentions des supercargos, officiers et employés.

No. 23.

## Schreiben an das Justiz-Departement, die Auslieferung des Chanlay nach Rennes betreffend.

R. 68 n. 16. J. 2.
1769. 3. November.

Berlin, den 3. Nov. 1769.

An ein Hochlöbl. Justiz-Departement!

Der Königl. französische Hof hat in der unter dienstlicher Zurück-Erbittung in orig. beygesanden, von dem

Königl. Gesandten Frh. v. Goltz eingesandten Pro
memoria verlanget, dass der ehemalige Super-Carga der
Bengalischen Compagnie Nahmens Chanlay, welcher noch
zu Wesel in Arrest sitzet, an das Parlament von Rennes,
von welchem sein Process mit den Assecurateurs
schwebet, ausgeliefert werden mögte. Da nun die Sache
des pp. Chanlay Einem Hochlöbl. Justitz-Departement
ohne Zweifel bekant ist, so ersuchen wir Ew. Excellenzien
hiermit dienstlich, Uns dero erleuchtete Meynung, was
Sr. Königl. Majestät hierüber aufzutragen und hiernächst
dem Königl. französ. Hofe zu antworten sey, ingleichen
ob Sie nöthig erachten, dass zuvorderst der Bericht der
Ostfries. Regierung und allenfalls deren Interessenten
ehemaligen Bengalischen Compagnie darüber erfordert
werden.

Finkenstein. Hertzberg.

---

No. 24.

## Königliches Schreiben, die conditiones des Commerzien-Raths Teegel zwecks Wiederherstellung der Asiatischen Handlungscompagnie betreffend.

R. 68.

1764. 20. April.

An den Geheimen Finantz-Rath Ursinus!

Besonders Lieber und Getreuer! Nachdem ich aus
eurem Berichte vom 19ten dieses mit mehreren ersehen
habe, auf was vor Conditiones der Commercien-Rath
Teegel in Emden der Wiederherstellung der dortigen
asiatischen Handlungs-Compagnie entreprenniren will,
und wie weit ihr auch deshalb wegen der ihm deshalb
zu accordirenden octroi concertiret habt: So bin ich
davon zufrieden, und will mit ihm darauf entriren der-

gestalt, dass 1. derselbe vor das erste Schiff bey dessen
glückl. retour 1000 Stück alte Friedrichsd'or und von
jedem hiernächst einkommenden Schiff ¹⁵/ₘ T. in altem
guten Golde pro recognitione sobald solches glücklich
zu Emden eingekommen erlegen müsste, ohne dass Ich
mich darauf einlassen darf, ob das Schiff Vortheil oder
Schaden gemacht: 2, accordiere Ich demselben, dass die
in Emden wohnenden Directeurs und Participanten auch
Secretarii der Compagnie, insofern sie keine andern
Gewerbe noch Particulier Handel treiben, von allen
Bürgerlichen Lasten und Abgaben an die Stadt Emden
befreyet seyn möge, jedennoch die Accise darin ausgenommen.

Ihr habt also hiernach mit demselben zu schliessen
und die octroi und übrige dahin gehörige Expeditiones
zu meiner Unterschrift weiter zu besorgen.

Potsdam, den 20. April 1764.

Friederich.

---

No. 25.

# Seiner Königlichen Majestaet in Preussen allergnädigst erneuerte Octroy über die zu Emden retablirte Asiatische Handlungs-Compagnie.

Vom 21. April 1764.

R. 65. n. 16. J. 1. Vol. III.

1764. 21. April.

„Wir Friderich von Gottes Gnaden König in
Preussen Markgraf zu Brandenburg des heil. Röm.
Reichs Ertz-Cämmerer und Churfürst pp.

Thun kund und fügen hiermit zu wissen:

Nachdem Uns der Geheimte Commercien-Rath Teegel
allerunterthänigst zu vernehmen gegeben, was massen

er wohl gesonnen wäre, die anjetzo still stehende Asiatische Handlungscompagnie in Unserer Stadt Embden auf seine Kosten zu retabliren, falls Wir ihm und seinen Associirten darüber einen neuen Octroy auf 20 Jahr allergnädigst zu ertheilen geruhen wolten; und Wir dem sothanen allerunterthsten Suchen in Gnaden deferiret und Statt gegeben; So bewilligen und begnadigen Wir aus Königl. Macht und Landes Fürstliche Hoheit, obgemeldten Geheimen Commercien-Rath Teegel und dessen Associirte, mit diesem neuen Octroy hiermit und Krafft dieses also und dergestalt, dass

1. Dieser Octroy zu retablirung der Königl Preuss. Asiatischen Handlungs-Compagnie zu Embden auf 20 Jahr vom 1. January 1765 an zu rechnen, festgesetzt seyn und bleiben soll; Wie Wir denn

2. allergnädigst permittiren, dass gedachte Handlungs-Compagnie, wenn diese ihre Entreprise succediret, und ihre Umstände es zulassen wollen, so viel Schiffe, als der Nutzen der Compagnie es erfordern möchte, nach China und nach allen Theilen von Indien, jenseit des Cap de bonne espérance, auf allen Plätzen, Häfen, Eyländern und Flüssen, wohin allen Nationen freystehet, zu handeln, abschicken und Handel treiben können. Wie wir denn

3tens So lange gedachte Octroy währet, Niemanden mit dergleichen Octroy gratificiren vielmehr denen Interessenten der jetzigen Compagnie nach verflossenen 20 Jahren, vor andern den Vorzug zu einem neuen Octroy gestatten,

4tens Versichern Se. Königliche Majestaet gedachter Compagnie dero mächtigste Protection, um dieselbe nach aller Möglichkeit zu mainteniren, so offt sie dessen benöthigt sein dürfte.

5tens Ueberlassen Seine Königl. Majestaet lediglich
mehrgemeldtem Commercien-Rath Teegel und dessen
Associirten die Einrichtung ihrer innerlichen Verfassung
und Direction ihres Commercii nach Verwaltung ihrer
Sachen zu Wasser und zu Lande dergestalt, dass der
Compagnie frey stehen soll, dergleichen Reglemens und
Verordnungen zu machen, als dieselbe überall und zur
guten Einrichtung und Direction ihres Handels und
Schiffahrt nützlich und convenabel zu seyn erachten
wird, und soll die Compagnie Niemandem anders, als
denen Interessenten der Compagnie, in einer allgemeinen
Versammlung von ihrem Thun und Lassen Rechenschaft
zu geben verpflichtet seyn, indem die Administration
lediglich der Compagnie und deren Directeurs überlassen
wird, ohne dass Unsere Dicusteria auf eine oder die
andere Arth hierunter einigen Antheil nehmen sollen,
und Wir gleichfalls der Compagnie die niedere Gerichtsbarkeit über ihre Officianten und Subalternen gestatten,
so bloss von denen Directeurs und Interessenten dependiren, doch dergestalt und also, dass die gesamten
Directeurs zwar berechtigt sind, durch die mehresten
Stimmen, die Buchhaltern, Secretärs und Commis der
Compagnie, wie auch die Schiffs-Officiers nach Gutfinden
anzunehmen, und daferne sie sonst dazu genugsahme
Ursachen haben, abzusetzen. Jedennoch aber die subalternen Bedienungen jedes mahl von denen Directeurs,
auf ihre Pflicht und ohne einige Absichten, als das wahre
Beste, der Compagnie zu befördern, vergeben werden
müssen.

Wie denn auch die Directeurs auf Pflicht und Ehre
sich verbinden müssen, von denen zu bestellenden
Subalternen-Bedienten nicht das geringste, weder an
Praesenten noch unter dem Nahmen einer Erkenntlich-
keit, es sey Geld oder Geldeswerth anzunehmen.

6tens. Da auch mehrgedachter Geheimter Commercien-Rath Teegel, diese neue Asiatische Handlungs-
Compagnie zu etabliren und mit seinen Associirten nach
Inhalt dieser Octroy 20 Jahre fortzusetzen intentioniret
ist, dass nicht eben Gelehrte, sondern rechtschaffene und
des Commercii vollkommene kundige Directores, die in-
und ausserhalb Landes überall in guter Reputation,
Credit und Ansehen stehen, hiezu erwählet werden und
dass ein jeder Director mit aller Treue, Fleiss und
Redlichkeit der Compagnie diene, seine Pflicht, ohne die
geringsten Nebenabsichten in guten Vernehmen und
Eintracht mit denen übrigen wahrnehme. So wird dem
Geheimten Commercien-Rath Teegel die Freyheit gelassen,
vorjetzo zu der Direction dieser Compagnie, so viel
Directeurs und Haupt-Participanten zu Associiren, als
dazu erforderlich und nöthig seyn möchten, doch wenn
ins künftige eine von diesen Stellen vacant werden
solte, so müssen die Directeurs mit denen Interessenten,
die vacante Stelle, durch ein dazu tüchtiges Subjectum
wieder besetzen und muss zum Besten der Compagnie
niemand zum Directeur der Compagnie angenommen
werden, so nicht wenigstens 20 Aktien bey solcher ein-
gezeichnet hätte, und dass jeder administrirende Haupt-
Participant 10 dergleichen Action vor sich besitzet.
Ferner müssen die Directeurs sich durch einen beson-
dern zu dem Ende abzulegenden Eydt verpflichten, der
Compagnie bestes und Interesse wohl und redlich wahr-
zunehmen, und sich denen Instructionen, so ihnen bey
einer General-Versammlung werde vorgeschrieben werden,
in allen Stücken getreulich und auf das genaueste zu
conformiren. Wie denn gleichfalls diejenigen Directeurs,
so künftighin durch eine General-Versammlung werden
erwählet werden, jedesmahl den Eydt der Treue und
Verschwiegenheit vorgedachter General-Versammlung
ablegen müssen.                                    10*

7tens. Damit aber auch das Wohlsein und Beste
der Compagnie insonderheit in Sachen die keinen Ver-
zug leiden, in gehöriger Connexion respiciret und jedes
mahl ohn aufgehalten befördert werden könne: So sollen
wo möglich zwey derer Directeurs und zwey Administrirende Haupt-Participanten ihr Domicilium in Emden
haben, oder wenigstens bey Ausrüstung der Schiffe und
deren Retour sich allda aufhalten oder ihre Bevollmäch-
tigte daselbst bestellen.

Das Haupt-Comtoir der Compagnie soll zu allen
Zeiten in Emden seyn und bleiben.

Ausserdem hoffen S. Königl. Majestaet, dass die
Directeurs und alle diejenigen, welche die Direction
wahrnehmen, die Affairen der Compagnie secret halten
und Niemanden, dem solches zu wissen nicht gebühret,
zum Schaden und Nachtheil der Compagnie etwas davon communiciret werden.

Solte es sich wieder Vermuthen zutragen, dass eine
oder andere seiner geleisteten Eydes-Pflicht vergässe und
die Geheimnisse davon divulgirte; so soll denen Directeurs und administrirenden Haupt-Participanten frey
bleiben solche zu removiren, und der Compagnie unwürdig zu erklähren.

Wie dann die Directeurs ferner über keine Affaire
von einiger Importentz einen Schluss fassen können, und
müssen, daferne ihrer nicht wenigstens Drey oder Vier
beysammen und darüber einig sind; und müssen die
Directeurs alle 2 oder 3 Jahre, der versammelten Compagnie von ihrer geführten Administration Rechenschaft
geben, wobey ihnen zwar erlaubet ist, jedesmahl eine
so hinlängliche Summe Geldes, als zum Besten und zur
Nothdurft der Compagnie erfordert werden mögte, in
derselben Casse zum Bestandt zu behalten, aber keines-
weges frey stehet, weder zur Casse der Compagnie

Gelder zu negotiiren noch daraus einige auszuleihen, ohne vorgangige Bewilligung und Approbation der General-Versammlung.

Überhaupt wird denen Directoribus sowohl als allen denjenigen, so bey der Compagnie interessiret sind oder in derselben Diensten stehen, sie seyn von was vor Condition oder Qualitaet sie wollen, schlechterdinges verbothen und untersaget jemahls vor ihre Particulier-Rechnung nach Indien was mit zusenden, oder von daher mitbringen zu lassen, sondern alles und jedes ohne Ausnahme vor die Rechnung der Compagnie gehen und derselben Avantage und Interesse darunter das nöthige Augenmerk seyn und zu dessen Majudice nicht das geringste gestattet noch conniviret werden muss.

8 tens. Es soll denen Directeurs allezeit frey stehen, solche Reglemens und Verordnungen zu machen, als solche überall zur guten Einrichtung und Direction ihres Handels und Schiffahrt sowohl unter sich selbsten, als auch für ihre Land- und See-Bedienten nützlich und convenable zu seyn erachtet werden, welche so angesehen werden sollen, als wenn sie von Sr. Kgl. Majestaet confirmiret werden.

Diesen Directeurs soll ferner erlaubet seyn, alle Bediente der Compagnie von was Standt und Rang sie auch seyn mögen, sind schuldig denen Directeurs, als ihren vorgesetzten, Gehorsahm zu leisten, und die Befehle derselben ohne Wiederrede auszuführen, als wozu sie sich durch einen schriftlichen Eid verbindlich machen. Solten sie dawieder handeln, so sind sie in diejenige Strafe oder Geldes Busse verfallen, welche ihnen die Directeurs von der Compagnie nach Beschaffenheit der Sache zuerkennen werden. Gestatten Wir denen Directeurs oder denen welche dazu von denen Directeurs authorisiret sind, nach Innhalt des 5. Articuls, die Nieder-

Gerichtsbarkeit über ihre Officianten und Subalternen in
Embden und Jurisdiction zur See sowie solche bey
andern See-Mächten üblich und gebräuchlich, auf ihren
Schiffen concediren und verstatten: jedoch wenn jemand
auf Ehre und Leben angeklaget und eingezogen würde,
so müssen die Directeurs den Criminal-Process gehörig
instruiren lassen, und wenn Acta geschlossen, und die
Sententz gefället, solche zu Sr. Königl. Majestät Allerhöchsten Confirmation eingesandt werden. Übrigens
müssen alle Instructiones, die von denen Directeurs gegeben und denen Bedienten bekandt gemachet werden,
sowohl auf dem Lande als auf denen Schiffen der Compagnie so befolget werden, als wenn solche von Uns
gnädigst wären confirmiret werden, ohne dass von denen
was in einem Directorio an den Directeurs, oder von
einem Schiff Krieges Rath auf denen Schiffen, es sey
einhellig oder per plurima gut gefunden, denobigen Fall
ausgenommen weiter appeliret werden könne.

9 tens. Solten sich bey der Compagnie über Sachen,
so in ihr negoce einschlagen etwa Streitigkeiten ereignen,
so mögen die Directeurs und Haupt-Participanten der
Compagnie dergleichen vor sich durch einen kurtzen
process ohne Weitläufigkeit billigmässig abthun und de-
cidiren, ohne dass von deren Ausspruch einige Remedia
juris an die Landes-Regierung, oder sonsten Statt finden solle.

10 tens. Setzen Wir ausdrücklich hierdurch feste,
dass weder die Directeurs und Haupt-Partizipanten der
Compagnie noch ihre Officianten und Subalternen wegen
Sachen, oder auch wegen Schulden, so einigermassen in
die Geschäfte der Compagnie einschlagen, anders als
vor der Compagnie belanget, noch ihre Persohnen oder
Güter mit Arrest beleget, oder auch sonsten auf einige
Weise molestiret werden sollen; Wie Wir denn aus

Gnaden verstatten, dass die Directeurs, Haupt-Partizipianten und Secretarii der Compagnie insoferne sie kein ander Gewerbe noch particuliren Handel treiben die Accise ausgenommen von allen Bürgerlichen Lasten und Abgaben an die Stadt Emden gäntzlich frey seyn sollen. Solte es wieder Vermuthen sich ereignen, dass gegen die Compagnie en Corps geklaget würde, so wollen Wir, dass dergleichen bey Unserer Höchsten Persohn immediate angebracht werden. da Wir alsdann wegen der erforderlichen Untersuchung und Abthuung derselben, das nöthige selbst gnädigst veranlassen wollen. Im übrigen geben Wir hierdurch der Compagnie die allergnädigste Erlaubniss, dass so oft dieselbe etwas zu ihrer Verbesserung Aufnahme und Conservation vorgestellen oder vorzuschlagen nöthig finden wird, sie solches bei Unserer höchsten Persohn Selbst anbringen möge, worüber Wir alsdann, dem Befinden nach, sie mit gnädiger Resolution versehen werden.

11tens Erlauben Wir ferner besagter Compagnie, in Unserem Fürstenthum Ostfriessland, wie auch in dem Herzogtum Cleve soviel Soldaten und Matrosen als sie zur Besatzung und Armirung ihrer Schiffe nöthig zu seyn erachten wird, freywillig zu engagiren und zu enrolliren in allen übrigen aber unter Unserer Botmässigkeit stehenden Provintzien, muss die Compagnie dergleichen Enrollirung sich gäntzlich enthalten. Sonsten bleibet derselben unbenommen, die ihren Officiers und Subalternen zu ertheilende Commissiones so oft sie es ihrem Interesse und Avantage dienlich finden wird, zu revociren.

12tens Im Fall, dass einige von denen, so sich als Soldaten und Matrosen bey der Compagnie engagiret haben desertiren solten, so gestatten Wir derselben Directeurs und Haupt-Participanten durch ihre eigene

Bediente und Untergebene, mit Vorwissen der Obrigkeit
des Orths, wo sich die Deserteurs aufhalten, dieselben
arretiren und zum schuldigen Gehorsahm bringen zu
lassen, ohne dass deshalb der Gerichts-Gebühren oder
Sporteln erleget werden dürfe, wohingegen vielmehr
diese, der Compagnie alle mögliche assistence hierunter
zu leisten gehalten seyn soll.

13. Wollen Wir bey Unsern Armeen die gemessene
ernstliche Befehle ergehen lassen, dass kein Officier,
Soldat oder Matrose, welcher sich bey der Compagnie
in Diensten befindet, durch jemand Unserer Militär-Be-
dienten angeworben, debouchiret oder Dienste zu nehmen
forciret werden soll.

14. Versichern Wir der Compagnie, dass niemahlen
es sey in Krieges, oder Friedens-Zeiten derselben Schiffe,
Artillerie, Ammunition und Waaren Magazins, Häuser
und Packhäuser noch auch ihre Officiers, Matrosen und
andere Bediente, zu Unserm Dienst genommen, gegangen
oder employrt werden sollen, was auch vor Nothwendig-
keit es geben möchte.

Deswegen sollen alle im Dienst der Compagnie an-
genommene Comtoir, See- und Arbeits-Leute, die Freyheit und das Recht geniessen, dass sie von Niemand,
wer es auch sey, in ihrer function vor die Compagnie
gehindert noch davon weggenommen werden.

15. Verwilligen Wir auch der Compagnie den Gebrauch eben dererjenigen Wappen und Siegel, welche
Wir der vorherigen Compagnie verliehen gehabt, davor
das Erstere und grössere einen Silberfarbenen unten
rund zugehenden viereckigten Schild vorstellet, worauss
ein in See gehendes von dem Neptuno begleitetes Schiff
abgebildet, über dem Schild, der Königl. Preuss. schwartze
Adler, in der rechten Klaue die Zepter, in der linken
den Reichs-Apfel, auf dem Kopf eine Krone tragend,

und auf der Brust nebst dem goldenen Klee-Stengel, die gewönliche Chifre FR zu sehen ist, unter dem Schilde, die durch einander geschlungene Anfangs Buchstaben der Compagnie Benennung ausgedrücket sind, das Schild aber von der rechten Seite, von einem Fleischfarbenen Wilden Mann mit einem aus einem Laub geflochtenen und um den Leib habenden Gürtel, in der rechten Hand eine Streit-Kolbe, in der Linken das Cornu Copiae tragend, und zu dessen Fusse der Mercurius-Staab lieget, von der linken Seite durch einen Chinesischen Mandarin, in seiner gewöhnlichen Tracht mit einer Rolle unter dem Arm, neben welchem ein Chinesischer mit drei Vasen besetzter Tisch stehet, gehalten wird, mit der Unterschrift Sig. Societatis Asiat. Privileg: Regis Borus: und unten stehende Devise: Confidentia in Deo et vigilantia.

Der zweite kleine Siegel hingegen obbeschriebenen Adler, und auf dessen Brust die vorhin angezogenen Anfangs-Buchstaben und erlauben denselben ihre expedienda zu Wasser und zu Lande damit zu siegeln und zu authorisiren.

16. Wollen wir ohnvergessen seyn, in Unsern mit Auswärtigen Puissancen zu treffenden Bündnissen oder Commercien-Tractaten, die Compagnie mit einzuschliessen und zu derselben mehreren Aufnahme auch hierunter alles mögliche beyzutragen.

17. Erlauben Wir der Compagnie und derselben Representanten, unter Unserer Autoritaet, mit denen Souverains und Puissancen in Indien solche Tractaten und Alliance zu schliessen, als sie es zur Beförderung und Ausarbeitung ihres Commercii gut und Diensahm finden wird, jedoch dass solches auf ihre selbst eigenen Kosten, Risico und Gefahr geschehe.

18. Obwohl die Compagnie verbunden ist, alle zu Ausrüstung und Beladung ihrer nach Indien abzusendenden Schiffe benöthigte Producten, so viel solches nur immer geschehen kann, vorzüglich aus Unsern Landen und Provintzien zu nehmen, so wollen Wir demnach gnädigst verstatten, daferne eine oder andere Producten, Materialien und Bedürfnisse von was Art und Natur, und unter was Nahmen sie auch seyn mögen, zu Ausrüstung gedachter Schiffe und deren Befrachtung in Unsern Landen entweder gar nicht, oder aber nicht um einen solchen Preiss zu haben wären, dass die Compagnie dabey füglich bestehen und auf ihre Rechnung kommen könnte, dass alsdann selbige die erforderlichen Producten, Materialien und Bedürfnisse auch aus fremden Landen nehmen, und sich dieselben ohne Erlegung einiger Zölle, Accisen und andern Abgaben zur Ausfuhr nach Indien erst bedienen möge.

Da ferner vorerwehnte Compagnie zu Ausrüstung ihrer Schiffe Packhäuser, Schmieden, Reipschlagereyen und Segel-Tuch Fabriquen, an denen ihr zu dem Ende zu Embden anzuweisenden Plätzen, anlegen wolte, so soll selbige alle hiezu erforderliche erste Materialien, welche sie aus denen übrigen Landen ziehen mögte gantz Zoll- und Importen frey daselbst anzuführen berechtiget seyn.

Nicht weniger alle in Unsern Landen fabricirte Waaren, welche die Compagnie gebraucht, und zum Verkauf ausserhalb Landes verschicken mögte, von allen ausgehenden Rechten Accisen und andern Abgaben befreyet seyn sollen.

19. Weilen Wir der Compagnie, wegen der Transito Waaren, so sie an Auswärtige verkaufen wird die Exemtion von denen Ein- und ausgehenden Rechten allergnädigst accordiret haben, So wollen Wir die Ver-

fügung thun, dass Niemand Unserer Bedienten und
Magistraten sich unterfangen mögen dergleichen Waaren
und Güther, so dieselbe kommen oder absenden lassen
wird, auf einige Weise geflissentlich zu arretiren, oder
aufzuhalten, und dadurch der Compagnie einigen Schaden zu verursachen. Ingleichen solle alle von derselben
eingebrachte Retour Waaren, wenn selbige an Fremde
verkaufet, und wiederum ausserhalb Landes versendet
werden, von allen Importen und Abgaben, wie sie
Nahmen haben mögen, so lange die Octroy währet,
gäntzlich befreyet seyn, jedoch diejenigen Waaren,
welche zwar bey der Compagnie verkaufet, aber in den
Königl. Landen behalten und confirmiret worden, denen
sämtlich gewöhnlich Lasten unterworfen seyn.

20. Anlangend solche Waaren, deren innerliche
Consumtion in Unsern Landen und Provintzien zur Beförderung und Aufnahme der darin errichteten Manu-
factur- und Fabriquen bereits gäntzlich verbothen oder
sehr hoch impostirt ist oder auch deren einländisch
Debit und Consumtion Wir noch künftighin verbiethen
dürfen, da muss die Compagnie sich schlechterdings
enthalten, dergleichen Waaren weder directe noch in-
directe in Unsern Landen zu debitiren.

Zum auswärtigen Debit aber bleibet der Compagnie
frey, solche Waaren einzuführen, jedoch nur unter der
Condition, dass dieselben so dann in besondere Magazins
oder Packhäuser der Compagnie gebraucht werden, und
so lange en depôt niedergeleget bleiben müssen, bis
letztere Gelegenheit haben wird, sie nach fremden und
auswärtigen Landen zu versenden.

21. Da Wir nicht zweifeln, es werde nachgedachte
Compagnie sich bestens angelegen seyn lassen, den
auswärtigen Debit der in Unsern Landen fabricirten
Waaren und Effecten mit zu befördern; So wollen Wir

dagegen auch bedacht seyn, dass in Unsern Landen der Debit derjenigen Waaren, welche selbst von Auswärtig dahin gebracht und debitiret werden, als Thee, Caffee, Drogerey und Porcelaine und dergleichen mehr, wann selbige die Compagnie einbringen wird, befördert und die desfalls zu erlegende Imposten nach Möglichkeit und Befinden derer Umbstände diminuiret werden.

22. Soll der Compagnie unbenommen seyn, die zur Armirung ihrer Schiffe benöthigte Artillerie und andern Krieges-Geräthe, in Unsern Landen sowohl als in Auswärtigen anzukaufen auch frey ein- und Ausführen zu lassen.

23. Wollen Wir die Verordnung ergehen lassen und Sorge tragen, dass der Compagnie ein Convenables Magazin und sonst die erforderlichen Plätze zur Errichtung ihrer Packhäuser gegen gantz billige Conditiones angewiesen werden. Möge dieselbe das schon ehemals gebrauchte Stadt-Magazin und den schon vorhin gebrauchten grossen Stall, auf Unserer Burg in Emden zu ihren Viehschlachten gebrauchen.

24. Es soll auch denselben erlaubet seyn, sich zu ihrer eigenen Bedürfniss, solcher Handwerker, als Schiffs-Zimmer Leuthe, Schmiede, Seiler und andrer mit zu bedienen und zu gebrauchen, welche sonst keine Mitglieder der Emde'schen Zünfte sind.

Wie wir denn auch der Compagnie ihren eigenen geschworenen Ausrufer, ihre eigene Waage, Schaale, Gewicht und Crahn verstatten und zugestehen.

25. Declariren Wir hierdurch gnädigst, dass einem jeden in Unsern Landen von was Stand, Würde und Rang derselbe seyn mag als auch denen Fremden von allen Nationen frey und erlaubt seyn soll, an dieser Compagnie und deren Commercio, es sey durch Subscription oder durch Ankauf von Action, Theil zu

nehmen, ohne dass dadurch seiner noblesse Standt oder
Qualitaet im geringsten majudicirt werde, noch einiger
Abbruch geschehe. Gleichwie denn auch alle diese in
der Compagnie eingelegte Capitalien frey seyn sollen
von allen Ungelden und Belästigungen, sie mögen Nahmen
haben wie sie wollen, sowohl in Krieges- als Friedens-
zeiten, und sollen weder mit arrest beleget, noch seques-
tiret werden können.

Ferner declariren Se. Königl. Majestät und versichern
Höchstdieselbe hiermit und in Kraft dieses dass obgleich
in Kurtz oder lang ein Krieg in Europa sich anspinnen
mögte, danach diejenigen Capitalia, so die Unterthanen
der Kriegführenden Mächte in abgemeldete Handlungs-
Compagnie employiret oder auf die Gelder, welche
selbige daraus zu erwarten haben, weder mit Arrest beleget, noch confiscirt, oder molestiret werden, sondern
vielmehr auf alle Weise sicher gestellet, und unan-
getastet bleiben, und ohne die geringsten Abzugsgelder
verabfolget werden sollen.

26. Die Directeurs und Haupt-Participanten der
Compagnie sollen die Macht und Authoritaet haben zu
diesem Handel und Schiffahrt solche grosse Summen von
Capitalien, als dazu nöthig seyn wird, es sey durch
Subscription oder auf eine andere dienliche Weise zu
procuriren, und dazuschaffen; doch ist hauptsächlich und
genau darauf zu halten, dass wenn die jährliche Schluss
Rechnung von der Compagnie gemacht und das Dividend
vor die Interessenten religirt wird, hierunter mit aller
Droiture zu Wercke gegangen und wohl beobachtet
werde, damit die Haupt Participanten vor denenjenigen,
welche nur wenig Actien besitzen nicht das geringste
vorausbekommen, sondern vielmehr der Gewinst denen
Interessenten mit einer vollkommenen Gleichheit, nach
Proportion der Anzahl eines jeden Actien vertheilet

werde, und weder die Directeurs noch die Haupt Participanten noch sonst jemand seiner Actien wegen ein
mehreres von dem Gewinst geniessen möge, als so viel
es noch einen General Divisore auf jede Actie betragen
wird. Zu solchem Ende muss schliesslich bey der jährlichen Abrechnung, aus deren Hauptbüchern der Compagnie eine Accurate Summarische Balance gezogen und
darinn deutlich exprimirt werden, wie starck der Fond
gewesen, was davon überall ausgegeben und zum Einkauf der Waaren und andere Bedürfnisse der Compagnie
verwandt werden müssen, wieviel überhaupt aus dem
Verkauf der Waaren gelohnt werden und wie hoch sich
also nach Abzug alder Ausgaben und Unkosten der
Profit der Compagnie belaufe.

Welche Balance denn zwar gegen alle auswärtige
auf das äusserste secretirt, jedoch aber Sr. Königl.
Majestät, wenn Höchstdieselbe solche einzusehen ver-
langen mögten nicht verweigert werden soll.

27. Nachdem oft erwehnte Compagnie sich gegen
Uns freywillig offerirt hat, zu einer Recognition, wegen
der ihr von Uns allergnädigst bewilligten Octroy und
Freyheiten vor das erste Schiff, welches sie in diesem
Jahre auszusenden verhoffet, sobald solches glücklich aus
China wieder in den Hafen zu Embden retourniret seyn
wird, überhaupt Ein Tausend Stück alte Friedrichsd'or
hiernächst aber für ein jedes der Schiffe der folgenden
Fahrt Fünfzehen Tausend Tl. in alten guten Golde, sobald das Schiff in den Haafen zu Embden glücklich
eingelaufen seyn wird, zu erlegen; Als acceptiren Wir
solches hierdurch allergnädigst, jedoch dergestalt, dass Wir
Uns niemahlen darauf einlassen wollen und dürfen, ob
das retournirte Schiff bey seiner Fahrt Vortheil oder
Schaden gemacht habe, und werden zu seiner Zeit ge-
wärtigen, dass gedachte Compagnie vorerwehnte Recog-

nition jedesmahl zu Unsern Eignen Höchsten Händen
einliefern.

Uhrkundlich haben Wir die gegenwärtige Octroi
Höchst Eigenhändig unterschrieben und mit Unserm
Königl. Insiegel bestärcken lassen.

So geschehen und gegeben Berlin den 21. April 1764.

Sr. Königlichen Majestaet in
Preussen allergnädigst erneuerte
Octroy über die zu Emden retablirte Asiatische Handlungs-Compagnie.

## No. 26

# Schreiben von Derschau's aus Aurich an den Geheimen Etats- Kriegs- und Kabinetts-Minister, die Errichtung einer Afrikanischen Compagnie betreffend.

### 7. Dezember 1762.

R. 68. n. 16. J. 1. Vol. III.

1762. 7. Dezember.

Ew. Hofgräfl. Excellenz einen zufälligen und wegen
seiner Wichtigkeit doch einiger Aufmerksamkeit nicht
unwürdigen Gedanken, in der Anlage ganz gehorsamst
zu communiciren, hoffe ich um so mehr Entschuldigung
zu finden, da ich hierbey keine personelle Absichten
habe, sondern nur einen Gedanken der Einsicht und
Beurtheilung eines erlauchten Ministers vorzulegen. Es
betrifft einige, so viel ich weiss zum ersten mal gemachte
Reflectionen über die Nutzbarkeit für sämtliche preussische
Lande eines auf der Küste von Afrika anzulegenden
Etablissements nicht blos allein, um daselbst wie andere
Nationen Handel zu treiben, sondern auch und hauptsächlich in der Absicht daselbst durch die Kultur die-

jenigen producten zu erzeugen, welche vorjetzo mit weit
grösseren Unkosten aus Ostindien hergehohlet werden
müssen, und wohl die preussischen Länder bei jetziger
Situation des commercii fast nicht anders als aus der
zweiten und dritten Hand erhalten könen.

Ich weiss gar wol, dass dergleichen Vorschläg etwas
Chimeriques an Sich zu haben scheinen, ich bin aber
auch versichert, dass die Schwierigkeiten dabey lange
so gros nicht sind, wenn nur ein solches Werk mit
einiger Standhaftigkeit und Geduld unternommen wurde.

Der jetzige Zeitpunkt scheint mir aber nicht der
unbequemste zu seyn, an ein solches Werk zu gedenken,
einestheils um deswillen, weil die jetzigen Friedens-Nego-
ciationen vielleicht Gelegenheit an die Hand geben
könnten, ein solches Unternehmen zum vorraus gegen den
Widerspruch anderer Nationen in Sicherheit zu stellen,
obwohl es gewis ist, dass nach dem Rechte zu urtheilen,
keine einzige auswärtige Macht befugt seyn kan gegen
ein solches unschädliches Etablissement etwas einzu-
wenden; Anderenteils aber scheint ein besonderer General-Friede, welchem man mit Freuden entgegensiehet,
Se. Königliche Majestät am leichtesten in den Stand zu
setzen, die benöthigte Anzahl von Troupen zu einer
solchen Expedition abzugeben.

Da auch schon jetzo durch die erlittene Drangsahle
des Krieges alle Provinzen, mit vagabonds überschwemmt
werden, deren Anzahl nach hergestelltem Frieden einen
noch grösseren Zusatz erhalten dürfte: So könten dergleichen Leute bey einem solchen Unternehmen nutz-
barlich als Colonisten gebrauchet werden. Ew. Excellenz
geruhen dieses alles als einen Traum eines Patrioten in
der Studier-Stube anzunehmen, wiewol einige Kenntniss,
welche ich von diesen Dingen auf Reysen und sonst
erlanget habe mir die Sache dergestalt vorbildet, dass

mir die Schwierigkeiten dabey nicht von der Art scheinen,
dass sie der Nutzbarkeit einer solchen Ausführung die
Waage halten. Meiner Eigenliebe wird es gar nicht
hart fallen, wenn dieser Aufsatz schlechterdings wegge-
worfen wird, dafern aber Ew. Excellenz ihr würdig
schätzen mögten, darüber vielleicht das Urteil einiger
verständigen Negocianten zu erfordern, so würde ich es
als eine Belohnung meiner jetzt darauf gewandten Be-
mühung ansehen, wenn mir zu seiner Zeit gnädigst
communiciret würde, was andere davon pro oder contra
geurtheilet haben.

---

## No. 27.

## Mémoire sur le commerce à faire avec la Chine.

R. 96. 423 H. Acten des Cabinets Königs Friedrichs II.

### (Vom 30. April 1767).

### 1767 30. April.

Mr. le comte de Barberin toujours empressé de
mériter de plus en plus la confiance de Sa Majesté et
s'occupant sans cesse de tout ce qui peut contribuer au
bien de ses états et de ses sujets, a eu à Paris une
conférence avec des négociants relativement au commerce
qu'il y aurait à faire en Chine sous pavillon prussien.

Deux fortes maisons établies à Nantes lui offrent
d'armer deux vaisseaux à leurs frais et d'aller en Chine
et sous quelles conditions.

Sa Majesté Prussienne accorderait à ces négociants
les mêmes droits et privilèges dont jouissent les compagnies des Indes, ou autres qui font le commerce de
l'Inde.

Ils porteront pavillon prussien et jouiront de toute
la protection de Sa Majesté, au cas que quelque vaisseau

maritime voulut s'opposer directement ou indirectement
à la d. navigation. Sa Majesté daignera répondre vis à
vis des d. armateurs des périls et risques qui en provi-
endront.

Lors du départ des vaisseaux Sa Maj. nommera si
elle le juge à propos un officier ou commissaire qui
pourra de concert avec l'armateur faire le voyage de
Chine et prendre connaisance des différentes marchandises qui seront échangées à la Chine ou autres lieux
pour au retour des vaisseaux en Europe pourvu le d.
Commissaire instruire Sa Maj. de la cargaison des
vaisseaux.

Sa. M. Prus. indiquera aux armateurs les ports
dans lesquels ils seront obligés de débarquer leurs marchandises et en faire la vente, pour les d. armateurs
pourvu se conformer aux volontés de Sa Majesté.

Sa M. fixera elle même le droit qui devra être prélevé
sur chaque vaisseau qui sera ou par tonneau ou sur la
totalité du chargement du vaisseau ou se conformera à
cet égard aux ordres que Sa Maj. donnera.

Comme il est nécessaire pour le commerce de China
d'avoir des piastres les d. armateurs pourront faire l'exportation d'une certaine quantité de toiles de Silésie
qu'ils porteraient en Espagne et qu'ils y échangeront
contre des piastres ce qui ferait un autre avantage au
commerce des sujets de S. M.

De plus les draps et étoffes légères qui se fabriquent en Silésie pouraient encore faire une partie assez
considérable pour porter à Cadix.

Sa Maj. serait donc supliée pour que ce projet eût
le succès désiré d'autoriser le comte de Barberin à
traiter cette affaire et de lui donner à cet effet tous les
pouvoirs nécessaires pour contracter avec les d. Sr. ar-

mateurs et leur prescrire des conditions qu'il plaira au roi leur donner.

Et attendu la saison présente Sa Maj. sera suppliée de vouloir bien répondre auplutôt et faire savoir ses intentions à ce sujet attendu que le premier départ de ces vaisseaux pourait se fixer au mois de septembre prochain et par conséquent il faudrait avoir le temps de faire construire des vaisseaux propres à faire cette navigation, ce qui ne serait pas bien long attendu que les bois pour la construction des d. vaisseaux sont tout prêts et qu'aussitôt l'affaire décidé on y travaillera.

Druck: Hallberg & Bächting (Inh.: L. A. Klepzig), Leipzig.